NEW
RETAIL

重构零售

新零售时代企业生存法则与经营实践

王晓锋 ◎ 著

ZHEJIANG UNIVERSITY PRESS
浙江大学出版社

图书在版编目（CIP）数据

重构零售:新零售时代企业生存法则与经营实践／王晓锋著. —杭州：浙江大学出版社，2018.3(2019.1重印)

ISBN 978-7-308-17710-8

Ⅰ.①重… Ⅱ.①王… Ⅲ.①零售业—商业经营 Ⅳ.①F713.32

中国版本图书馆 CIP 数据核字(2017)第 318226 号

重构零售:新零售时代企业生存法则与经营实践

王晓锋 著

策　　划	杭州蓝狮子文化创意股份有限公司
责任编辑	黄兆宁
责任校对	杨利军　吕倩岚
封面设计	上海六韬三略营销咨询机构
出版发行	浙江大学出版社
	（杭州市天目山路 148 号　邮政编码 310007）
	（网址:http://www.zjupress.com）
排　　版	杭州中大图文设计有限公司
印　　刷	浙江印刷集团有限公司
开　　本	880mm×1230mm　1/32
印　　张	8.125
字　　数	196 千
版 印 次	2018 年 3 月第 1 版　2019 年 1 月第 4 次印刷
书　　号	ISBN 978-7-308-17710-8
定　　价	52.00 元

新零售已来，无边界，也无国界

在探索"新零售时代企业生存法则与经营实践"的路上，感谢参与本书创作的柳二白女士的辛勤付出，感谢所有参与本书讨论的团队！

谨以此文献给努力奋斗在零售事业中的每一位朋友！

在人类浩浩荡荡的千年发展历史中，已经发生过三次工业革命。究其本质，都是社会生产效率革命性提升使然。这是趋势，顺者昌，逆者亡。而如今，我们正在迎接第四次工业革命——以互联网产业化、智能化等为代表的技术革命。难以阻挡，无法回避。

2016 年 10 月，马云提出的"新零售"像一场秋雨无声潜入，让很多人茫然、愕然。而就在传统企业酣睡之际，零售业已经进入新产品、新体验、新服务的全新发展阶段，让传统企业原有的战略与雄心在这个"新"字面前，不得不重新思量，重构战略。

当我们还在讨论 Amazon Go 离我们的生活有多远的时候，"零售行业唯一的不变就是变化"正在"现场直播"。

2017 年 6 月初，"缤果盒子"无人收银便利店登陆上海。

2017 年 7 月初，阿里巴巴首个名为"淘咖啡"的无人超市在杭州亮相。顾客进店，商品可以拿起就走，没有收银员，还无需扫码支付，走出大门自动扣款……

由于没有人工成本，无人超市的成本支出大约只有传统超市的四分之一，生产效率获得极大提高，这对传统零售行业提出了很大的挑战。

这一切真的来了，比我们所有人想象的都要来得更快！

任正非曾经慨叹，世界上最难的改革是革自己的命！也正因如此，传统制造业面对互联网公司的"剑走偏锋"，被打得伤痕累累。如今，那些转变的制造企业都已经重新开花、结果。世界纷繁复杂，我们还在犹豫的时候，已经有人在路上了。面对变化，我们没有选择。正如马云所言，今天的世界是一个变化的世界，变化是每个人的机会。我们只有变化了，创新了，才有未来。

"山雨欲来风满楼。"回顾往昔，谁能阻挡工业革命的隆隆"推土机"？今天依然如此，面对技术革命的到来，面对新零售形态的出现，我们必须调整，进化，升级。

零售进化，适者生存

一千个人心中，有一千个哈姆雷特。在新零售的世界里，一千个人就有一千种对新零售的理解，不同的企业都从自己行业出发来各自诠释新零售，每个零售人都有自己的标签认知。而阿里的种种举动所展现出的新零售战略意图，更大的意义在于把"超市"这个高频场景中的人群，变成互联网意义上的"用户"。[①] 这将给传统零售商带来新的启示。

零售进化，适者生存。从传统零售过渡到新零售需要一个周期

---

① 阿里无人超市落地搭建，不掏手机，PK 亚马逊，马云吹的牛逼又成真一个.
创业邦杂志,2017-06-29.

演变、新旧交替、适者生存意味着零售业将会淘汰一部分"脱轨"的从业者,只有适应新节奏、掌握正确方向的企业才能脱颖而出。在这场零售升级中,消费升级带来了一场前所未有的业态升级、场景升级、技术升级。实际上,这四个升级将是零售企业在未来必须面对、解决、提升和转变的战略问题。

1. 消费升级——顾客知道要什么,学会提需求,需求主导市场

如今,随着中产消费者的不断增加,消费者已经从价格敏感转向注重体验服务;同时,随着新生代消费者的快速增加,购物已经从"需要"向"想要"方向发展。消费者开始注重品质,强调效率,要求体验。企业只有在这方面做得足够好,才能立足。

2. 业态升级——去边界、共享经济

"共享"正在横扫全球。2017 年 7 月 17 日,在盒马鲜生的十里堡店开业短短 1 个多月后,它在北京、上海两地的三家新店同时开业。它是从"生鲜超市"行业经济到以"本地生鲜超市＋餐饮体验＋线上业务仓储"三大功能为一体跨界经济的转型,是业态升级下诞生出的新物种。商业业态进化从提供产品的公司到提供服务的公司,解决方案的核心是共享。共享的核心是人的需求共享,例如滴滴共享的是人的出行,小猪短租共享的是人的住宿空间,纳什空间共享的是人的办公空间。

3. 场景升级——线下零售的场景正在被哄抢

在新零售时代,零售商将根据顾客需求和喜好定制个性化服务。

用户成为整个产品的主导者，在途中提供建议和意见，不但可以选择，还可以自己参与设计；不是局限选择，而是自我要求。用户成为产品的参与者和设计者，参与到产品，甚至产业链之中，并匹配到相应的场景中。不同的入口，拥有不同生活方式的客户。这不正是我们每一个人所希望的生活方式吗？站在消费者的角度，你需要变革。

4.技术升级——用新的交互方式来和顾客对话

上述的新零售模式，无不是新技术的应用。无论是软件，还是硬件，技术升级不再是梦想，而是现实。其实，真实的商圈＋虚拟的商圈会诞生很多新技术和顾客的交互，包括人脸识别、VR 虚拟现实、人工智能、机器人等。

升级是发展的必然，是一种正常的迭代。不管世界如何变化，商家的最终目的都是获取客户，留住客户。零售进化的核心在于拥有用户，"以产品为中心"的单渠道、多渠道零售模式，会被"以顾客为中心"的全渠道、多触点的体验模式所取代。就如：

- 优衣库企业价值观（第一条）：永远站在顾客的立场。
- 7-Eleven 自创业以来一贯坚持：彻底站在顾客立场来思考和实践。
- 耐克全球 CEO 马克·帕克：永远思考真实的用户需求。

人类变革了世间一切，今天又轮到了变革自己！而变革的核心就是深度关注用户，满足用户需求。更重要的是，应用新技术、新思维。

走向用户，运用数据

以用户为中心，首先得知道我们的客户是谁？他们的需求是什么？我们如何满足他们？中国很多企业都说以客户为中心，其实他们所谓的客户都是自己想象出来的。找到企业真正的客户，并跳出价格战的简单思路，将单纯产品购买转化为一整套服务体验，提升对消费者的价值，让消费者行为不止于单次购买，而是转化成重复享受服务的模式，这才是新零售。①

走向用户

今天的用户需求，已经从单一需求发展到一整套组合方案，从单一的产品需求发展到为生活而消费。饿了么提供的不仅是食品，还解决吃什么、怎么去吃的体验和服务需求；摩拜单车满足的不仅是用车的需求，还有想运动又不想买车，但又想骑车的需求；下厨房提供的是烧菜的解决方案。

---

① "两线融合"：服装业的转型之惑. 中外管理, 2017-04-28.

运用数据

1."大数据＋科技"创新用户连接,打造多元化用户生态圈

NIKE 用数据打造用户连接器:每双鞋都是一个移动渠道。NIKE 通过数字运动平台 NIKE＋实实在在了解用户的运动习惯,包括运动频率、运动时间及位置信息等数据,来优化每一步用户体验。包括:

✓ 线上社群＋移动＋可穿戴科技搜集消费者信息;

✓ 用户标签化＋精准互动绑定用户;

✓ 线上线下全渠道融合联动,增强体验。

数据和社交两者相互作用,让用户完成在 NIKE＋搭建的 O2O (Online to Offline,线上到线下)生态平台的沉淀,形成线上、线下互动消费,这正是精髓所在。

有了用户,未来就有更多增值可能,我们拥有多少数据,就连接多少用户。

2. 借助大数据做好供应链管理

看得到的资产都不是最值钱的,最有价值的是看不到的资产——用户。

现在的钱(流通与零售服务)＋未来的钱(大数据)＝资产

零售产业服务正走向资本化。2016 年 4 月,首旅集团通过现金及发行股份的方式将如家酒店集团私有化,以 110 亿元购入如家酒

店集团100％的股权。酒店每年的房租和人力成本都在涨,而客房的单价却没怎么涨(2014年RevPAR,即每间可借出客房产生的平均实际营业收入),仅为138元;2015年,如家酒店全年总营收约66.7亿元,同比下降0.2％。[①] 而估值很大一部分是基于如家背后7000万白领客户数据的价值。

此外,面对庞大的数据池,我们必须应用新技术、新思维、新模式进行盘活,让"用户至上"不再是一句口号,而是要实打实地盘活,让用户产生黏性。

支付闭环

付完款才是真正意义上的用户,支付不仅仅是支付本身,它是交易最终形成的唯一标识。支付连接购买和售后环节,是一条让陌生顾客成为用户或变成粉丝的重要之路。移动支付嫁接一个大流量载体,有用户量级才有粉丝量级。

如:微信支付优势——用大数据＋标签分组等功能来实现用户的管理。

- 用户在扫二维码时,设置二维码不同参数,可对用户进行自动分组;
- 根据用户的客服咨询、在线购买记录,对用户进行分组;
- 可与CRM(客户关系管理)系统打通,对用户信息进行深度

---

① 首旅110亿收购如家中国酒店业进入寡头竞争时代.中国网,2016-04-08.

挖掘，可识别用户的会员级别等。

支付不是目的，而是为了获取用户，获取一定量级的用户。平台建好了，未来才有无限可能。盒马鲜生就是以支付宝作为数据入口，让流量变现。它让实体店的用户通过支付迁移到线上，后台建立实名制会员体系，然后再通过配送服务闭环，创造新的消费需求和商业价值。盒马鲜生创始人兼 CEO 侯毅先生曾表示：盒马鲜生上海金桥店，通过一年半时间的发展，线上的订单占比达到了 70%。侯毅希望盒马鲜生能够做到线上订单是实体店的 10 倍，也就是线上订单占比超过 90%①。

有关数据预测，到 2020 年，我国社会消费品零售总额将突破 50 万亿元②，这对于零售商来说是个好消息，也是个大机会。新零售下，用价值观选品是未来消费需求的趋势，而选择什么样的产品就投射出什么样的价值观。唯有专注给客户创造价值，才会带来财富，让商品之外的人文、艺术、情感、社交的价值，根植于客户的内心。

只有具备效率高、成本低等基因的零售店，才可能存活下来。我们没有阿里、京东、永辉等零售航母的规模优势，但可以力求在自己最擅长的领域做到最好，找到自己企业的优势基因所在，把优势做到极致，这样才有机会延续自己的未来。如效率极致的盒马鲜生、体验极致的宜家家居、供应链极致的名创优品、服务极致的

---

① 侯毅：盒马鲜生目前的坪效是线下零售企业的三倍左右. 速途网,2017-07-18.

② 未来 5 年,社会消费品零售总额或超 50 万亿. 国际金融报/新浪财经,2016-09-05.

新加坡航空、科技极致的优衣库、品质极致的日本千疋屋(开了180年的水果店)……它们用极致获得空前的成功,在本书中会分析它们极致成功之处。

未来零售,极致者才能制胜!

只有做到极致,才能让产品召唤用户!

王晓锋

2017年8月,上海

目 录

1

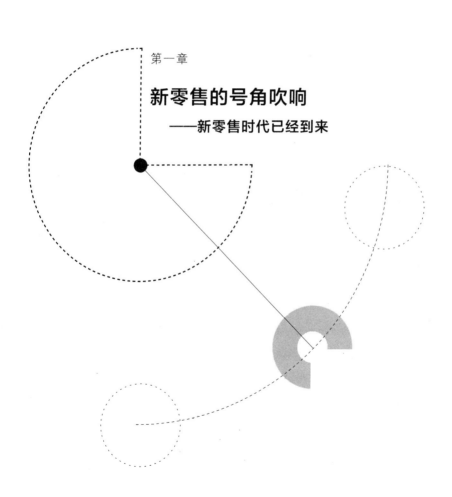

第一章

新零售的号角吹响

——新零售时代已经到来

零售是一座桥梁，它搭建的基础是消费者与零售商；零售是一个通道，零售商通过它向消费者传递美好的生活；零售还是一个愿景，在这里将构建一个理想中的生活蓝图。零售自诞生之日起，就与消费者的生活密不可分，只要有消费者的需求，零售就会永远存在。

历史的车轮不断滚滚向前，周边的人与事都发生了诸多变化，城市更加现代，生活更加便捷，通信更加方便，购物方式也更加多元。不知不觉中，零售随着历史的演进渐渐旧貌换新颜。零售的改变是被历史进程裹挟着前行的，这里有自觉也有不自觉，但每次改变，不管大与小、强与弱，都是为了让生活更美好。消费者乐在其中，他们发现，零售与自己生活的融合度越来越高，零售变得无可替代。

零售是一种表达方式，是一种生活方式，抑或是一种基本法则？

零售是一个常见词，提到它，几乎每个人都知道，但却少有人深究零售的真实含义是什么。

在给出正式答案之前，我们还是先按照大众的理解来分析一下零售的意义。

零售是零售商把商品与服务卖给消费者，消费者愿意为此买单。零售需要有一个地方出售商品，不管是在一个看得见的地方还是在看不见的网络上，它都需要一个依托，来进行展示和销售。零售的含金量就是把商品与服务卖给那些认同它价值的人。

零售是简单的，也是复杂的交易。简单在于了解它不需要太深奥的道理，直白地说，就是赚取差价。这有点像买股票，低价入，高价出。低价购进的商品，通过零售商的努力，提升其内在价值，再流转到消费者手中。以出售服务为内容的零售商看似是零成本的，但其隐含的成本其实很多，也很复杂。

零售的复杂在于，这么一件看似简单的事情，做得久的人却并不多。世界上最大的零售商之一沃尔玛仅有 50 余年的历史，而亚马逊、阿里这些后起之秀的历史更是短暂。阿里要做 102 年的企业，时间将证明一切。

零售是供应链条的最后一个环节，零售商与消费者的距离最近，零售与生活密切相关。

零售物种大爆发

新零售的概念一经提出，与其有关的话题就从未停止过。在争论的同时，更多的零售商投入实践之中。当下的零售业出现了前所未有的活跃状态，几乎每天都能听到新的资讯，也能看到新的零售实践形式，许多零售商试图用实践的结果来回答什么是新零售。新零售还未有一定之规，有的只是对创新的探求。

在线上与线下加速融合的当下，从概念的探讨回归到实践的创新，新零售不是停留于文字表面的静止，而是不断前行、不断添加新内容的实践。

所以,对新零售的认知终归要回归到实践之中。

"忽如一夜春风来,千树万树梨花开",层出不穷的新的零售形式让人应接不暇。这些零售形式有从线上到线下的落地,也有横空出世的创造,还有线下的探索。每种零售形式都被赋予了不同的理解与卖点,让同行眼前一亮,让消费者相见恨晚。

但这些新的零售形式的内容不管怎样变化,其核心都是为了效率的提升、成本的降低、与消费者更好的互动与体验。这些对新的零售探索像开足马力的马达,轰隆隆地向前驶去。

家乐福关注于"邻家业态",在上海开出 29 家"Easy 家乐福"后,在无锡开出第 30 家实体店。家乐福的这个新业态,更贴近于社区,SKU(库存量单位)在 4000 左右,而面积在 300～400 平方米,给消费者提供了比便利店更为宽敞的空间。在新业态的探索上,家乐福把找到可持续盈利模式作为关键点,这是业态生存的基础。

大润发也在探索,近期在上海开出飞牛优鲜的第一家实体店,这是依托原有卖场基础进行的改造,后期实体店会独立运营。飞牛优鲜首先借助了大润发的现有资源,线上与线下联动,实现在配送范围之内,1 小时送到客户手中。在这个比速度的时代,消费者的耐心被一点点消磨,只有更快,才有可能争夺到机会。

永辉一改传统的形象定位,频频试水新的业态形式,这样的尝试,无疑是在抢夺不同层次的消费者。BRAVOYH 是永辉精致超市品牌,主要以经营高端产品和时尚用品为主,这一定位与民生超市永辉已经有了天壤之别。除此之外,永辉还开出了"超级物种"。店如其名,在"超级物种"店内,一个个小物种,如健康有机生活馆、生活厨坊、花坊、鲑鱼工坊、波龙工坊、盒牛工坊、麦子工坊、外卖工坊、择物工坊等组合成了一个大物种。商圈不同,"超级物种"里的小物种组合方式也略有差异。值得一提的是,与其他零售商过分依赖外来力量助力发展不同,"超级物种"全部是永辉的知识产权,这保证了一定时间内永辉在这个业态形式上拥有更多的自主权。与 BRAVOYH 相同的是,"超级物种"聚焦的也是高端客群。这两种新兴业态显然与原来的永辉卖场有了很大区别。

老牌零售商也在摸索新的业态形式,可谓老树开出新花。百联集团于近期开出了 RISO 首店,这家实体店同样无法用传统的零售视角来解读,百联集团把它定义为新零售发现店,是集生鲜、餐饮、书店为一体的新的融合模式,这种前所未有的组合方式,不光给零售业带来了想象空间,还让消费者体验到了各种看似的不可能的情景。在店内,顾客不用专门到收银台排队结账,只要找到戴着特殊标识的员工就可以实现现场收银,免去了排队的烦恼。顾客用 App 下单,在配送范围内 1 个小时就可送达。

各大零售商的业态探索有相同之处,也有不同之处。相同之处是,所有零售商都顾及了消费者的跨渠道体验,将线上与线下融为一体,实现了线上下单、线下快速配送。线上与线下的连接成为一项必备技能,如果缺失,根本无法与消费者达成共识;所有零售商都不约而同地强调了配送的及时性,承诺在配送范围内可以快速到达。3公里商圈客户,成为线上与线下争夺的重点。这些大品牌零售商开出的小业态都把商圈压缩到触手可及的范围。商圈的缩小,让目标消费者更为集中,同时还能把零售商的运营效率发挥到极致。

不同之处在于,每个零售商的新业态都极具想象力,这考验的是零售商的智慧,他们都在尽量地避免与竞争伙伴重合。这些新推出的实体店业态，每家零售商都有独家秘籍，这表明他们不甘心与他人雷同，残酷的竞争也不允许他们与别人雷同。

业态探索最终探索的是效率与成本，缓行的零售商可能因为一时的迟疑而错过最佳的发展机会。在发展的紧要关头，机会的错失将无法弥补。柯达在由胶卷成像到数码相机的转变进程中，因为迟疑而把最好的机会拱手让人，从而走向了破产的命运；诺基亚自1996年开始，连续14年保持了手机行业的市场份额第一，但面对智能手机崛起，诺基亚未做出及时的转变，终被苹果和三星超越，最后不得不把手机业务卖给微软，从此退出手机市场。

行业的转变带来机会的同时，也暗潮涌动。与风浪同行的人可能会获得机会，但远离风浪的人最终交出的必然是竞争资格，如果资格都失去了，还谈什么竞争？现实如此残酷，这也让各大零售商不敢停下脚步，就算付出资金成本和时间成本，也要坚持探索；就算是一个试错过程，也要不惜代价，坚持前行。

新零售的黎明

要了解一个国家，先了解他们的历史；要了解一个行业，先了解它的背景。

零售业的发展紧跟时代的节拍。正处在变革中的零售业，每天都是"新"的。行业对零售的发展与演进有不同的论点，每家企业也有自己的理解与把握。要了解新零售，先要回顾与反思。

零售发展到今天，如果用数字梳理，大致走过了四个时代，每个时代都有鲜明的烙印。

零售第一阶段：有什么买什么

大多数人，对 1.0 时代的印象极为模糊。翻开历史，那时零售没有形成体系与规模，都是单打独斗，零售形式单一，售卖方式传统古老，单品还不像现在这样极大丰富。零售商大多依附于体制而生存。因为没有竞争，消费者的需求未被充分挖掘出来，紧俏的商品让消费者趋之若鹜。

在 1.0 时代，零售仅是买与卖的代名词。较为正规的零售商用三尺柜台隔开消费者与营业人员，双方有距离地交流，营业人员不冷不热，消费者也没有太大热情，完成简单的交易后，零售商的使命基本结束。

许多人的记忆中还残存着一些印象：在物资匮乏的年代一物难求，大家都想尽办法买一台电视机，谁家要是有了电视，那就成了邻居们眼中的红人。商品短缺让零售成为毋庸置疑的卖方市场，消费者的需求根本得不到满足。

但随着经济的发展，零售市场斗转星移，消费者很快又要回了主动权。

零售第二阶段：连锁扩张

渐渐地，零售商开始以新姿态示人，最令人印象深刻的是柜台的消失。撤掉柜台，消费者可以自由进出品牌区、超市，不再受遮挡物的干扰。营业人员也变得热情，他们不再对消费者不冷不热、冷眼相对,而是想尽办法"讨好"消费者,消费者由被动变为主动;商品不再供不应求,而是供大于求。于是,零售步入另一个轨道,买方市场来临。

在收集零售2.0时代的资料时,我发现了一个有趣的巧合,那就是"95、96、97元年"现象。在这三年里,中国大地上成立了大量的零售实体,有国资发起的,也有个人创立的,还有国外零售品牌的涌入,现在耳熟能详的零售品牌大多是在那时成立或进入中国市场的。步步高成立于1995年,永辉的前身也成立于1995年,胖东来同样是在这一年开出了前身:望月楼胖子店,家乐福在1995年进入中国市场。1996年,同样诞生了许多零售商,人人乐和银座都是在1996年开出了第一家实体店,在这一年,沃尔玛和麦德龙进入中国市场。1997年仍很精彩,大润发和银泰分别在上海和北京成立。翻看这些集团的历史就会发现,他们在成立后,并没有满足于现状,都在两三年内迅速开设了分店,由同城到异地,他们凭借最初积累的经验与人气,跑马圈地,渐渐扩大疆域。在他们的引领下,零售市场迎来了2.0时代。

从此,零售商不再单枪匹马,而是树立了集团化战略策略,零售发展呈现连锁化的态势。零售商凭借自身的资源优势,迅速掌握了渠道的话语权。渠道为王,生产商除了传统渠道之外并没有另外的渠道可以销售,必须完全仰仗于零售渠道的分销。这真是传统零售商的"黄金时代"。但是好景不长,剧情很快就发生了逆转,传统零售商不再是"唯一"。

零售第三阶段：电商发展

电商的兴起，让零售市场不再是传统零售商的一枝独秀。电脑的普及、互联网的发展，为电商成立打下了物质基础。同样是巧合，目前电商的两大巨头都在同一个年份涉足电子商务领域，淘宝于 2003 年上线，同一年京东商城因为"非典"的影响由线下转向线上发展。两大电商的上线，初时并没有引起过多的关注，也未引起实体零售商的警惕。但是其影响力很快就显现出来，渐渐地，线上开始抢占线下的市场，双方虽未呈势均力敌之势，但电商的威力已不能让人小觑。

因为上网需要借助电脑等固定设备，这为购买带来一定障碍，PC 时代的网购还没有现在那么疯狂。传统零售商在电商的 PC 时代并未做出回击之势，只是像对待普通的新事物那样，不屑、好奇，还有些无动于衷。

渐渐地，消费者的购物范围开始扩大，消费者也在线上与线下不停地来回转换；传统生产商的销售渠道也不再单一，而是有了更多的选择。传统零售商此时发现，他们的独有优势正在消失。

随着售卖渠道的增多，消费者开始疯狂地比价。他们潜在的价格敏感度被挖掘出来，谁的价格更低，他们就更愿意到哪个渠道购物。电商凭借价格的优势建立了稳定的客流，更为意义深远的是，他们培养了消费者的购物习惯，消费者对网络购物越来越信任和依赖，这为未来的竞争积累了更多资本。

此时传统零售商依然浑然不觉，大多数零售商还沉浸在"黄金时代"的自鸣得意里，未把消费者购物习惯潜移默化的转变太当回事，从而错过了研究消费者习惯转变的最佳时期。

零售第四阶段：开放与包容、多元与个性并存

这一阶段，线上线下突然变得泾渭分明，线上零售的发展让人不敢小觑，而线下的市场份额一步步被蚕食。线上的发展如果非要用一个标志性事件来总结的话，可以把阿里巴巴的"双 11"当成一面旗帜，这面旗帜是电商发展的一个缩影。从 2009 年初创到 2016 年，"双 11"走过了 8 个年头，而这 8 年是电商崛起的一个重要时段。2009 年天猫"双 11"的销售额仅为 5200 万元，2017 年就达到了 1682 亿元，几何级数的增长速度让人惊叹不已。

在这些数据中，我们发现了一个有趣的现象。2012 年"双 11"销售额达到了 191 亿元，首次突破百亿。查看历年"双 11"数据同比值，可以发现 2012 年是同比销售增长最多的年份，达到了 468％；而 2012 年还有一个数据也不容忽视，那就是移动支付的兴起。移动支付数量达到了 900 万笔，占到总销售额的 6％，与 2011 年同比增长 426％。销售增长与移动支付增长，两个比值竟如此相近，说明消费者正在从 PC 端悄悄地向手机等移动设备端转移。过了 2012 年，移动支付势如破竹，一发不可收拾，到了 2016 年，无线端支付占到了"双 11"全天销售额的近 82％。如果说 2012 年是移动支付迁移的开始，那么到了 2016 年，就基本完成了转移。消费者从 PC 端一下跃到了无线端。

这是一次质的飞跃，消费者已然不是昨天的消费者。这看似是

使用工具的转移,但背后却是消费者购物习惯、选购方式、需求满足方式的变化。这些变化,让消费者不再具有传统零售模式下的消费习性。他们更善于使用工具,也更善于通过不同渠道满足自己的购买欲望。消费者成为真正意义上的中心。风云突变,传统零售商仿佛是一夜之间才感知到"春光如此灿烂",但大多传统零售商根本无暇欣赏这春光如画的美景,因为他们才想起前期忘记种树了。春天没有花赏,秋天没有果吃,那如何"过冬"呢?

互联网时代的来临,消费的主动权又交还给了消费者,电商在拼命地争取流量,传统零售商正在找回客流,消费者成为各方争夺的焦点。有了流量和客流,就不怕没有销量,这是各方达成的共识。

这个阶段是一个开放和包容的时代,零售商不再拘泥于线上或线下,线上与线下正在快速融合;也不再拘泥于某种形式,大到购物中心,小到一个人的微店,零售的舞台更加多元,也更加精彩。

以上简单梳理了零售的发展进程,这一路走来,每个人都参与其中。不管是商家还是一名普通的消费者,在回顾时才发现自己竟走了这么远的路,一路上的变化是如此之大。而正在经历变化的零售商和消费者竟浑然不觉,真是"只缘身在此山中"。

从近乎原始的第一阶段,到开放包容、个性多元的第四阶段,再到今天提出"新零售"的概念,这是一部零售行业的进化简史。在新零售时代,我们拥有了新的机遇点,同样也会面临新的挑战。

新零售时代:新时代的好零售

评判零售商有两个重要的指标,这两项指标也是上市公司年报上常见的。零售商在日常管理中,也把这两项指标作为重要的参数,公司的经营业绩通过这两项指标就能一下子跃然纸上,而且直观、一目了然,它们就是销售额与利润。但数据仅是结果的表现,只代表前一阶段或当前的状态,并不能全面反映零售商的发展状况。曾有一家上市公司的年报数据显示在上一财年不管是利润还是销售额,公司都取得了令人满意的成绩。但时隔一年,数据就出现了断崖式下降。数字不能代表一切,但也能代表一切。

为什么这么说?

说数字不能代表一切,是因为尽管上一财务年度的数据还很亮眼,但零售商的内在核心其实早就发生了变化。不过是因为有经营的惯性,数据其实是在缓慢走低的,所以掩盖了深层次的问题。说数字代表一切,是因为核心失去后,直接的体现就是数据严重下跌。

一家好的零售商不仅要做到满足消费者的愿望,提升消费者体验,同时还要建立稳固的专业化市场,保证业绩持续稳定的增长。零售商需要建立长期的市场计划和明确的战略目标,而不能用杀鸡取卵的方式只顾眼前的苟且。得过且过的零售商肯定无法实现长期的盈利。

好的零售商不能患上"数字近视症",一味强调和追求数据的漂亮,并对数字过分重视与夸大,而不去建立和耕耘长效机制,不主动深入研究数字背后隐藏的问题与原因。长此以往,必定忧患重重。比如有些零售商的员工经常在一个专业论坛里曝光内部管理问题和发泄心中的不满,但因为数据指标表现还算不错,并未引起外界的重视。而当数据不能再掩盖问题的时候,员工的声音又被无限放大。其实问题不是刚刚出现或发生的,"千里之堤,毁于蚁穴",大厦的倒塌其实早就有了前兆,只是未引起管理层的重视而已。

好的零售商要时刻记得研究顾客的需求与体验,这是零售商立足的根本,在任何时候做任何决定,都不能忘了站在顾客的角度做出思考与选择。马化腾在接受《哈佛商业评论》专访时说,用户需求和用户体验是腾讯研究的重中之重,用户需求与喜好瞬息万变,腾讯每天都在研究。腾讯最早的一个产品是 QQ,许多人都有 10 年以上的"Q 龄",一路相伴走来,会发现 QQ 也在随时发生着变化,QQ 的许多功能与时俱进,与潮流接轨。如果不去改进与变化,QQ 可能早就进了历史博物馆。

好的零售就如同慢火煮汤,火势不激进,细工慢火才能打磨出食材深层的味道,并历久弥新,久久让人难忘。

新零售的画布

零售商在面对新形势的发展时,有些茫然失措,不知如何应对,也不知如何解决。如上文所说,零售不管如何发展变换,跨界融合,形式上变了模样,但本质并没有改变。零售商在面临发展与被发展的难题时,不妨去繁就简,采取抽丝剥茧的方式,一点点理出头绪。商业环境复杂无序,但内在的管理与发展应简洁有序。

新零售的画卷已经铺开,在画布上如何落笔、如何勾勒、如何着色、如何装裱……一系列问题,让一心想要发展的零售商不得不放慢脚步,用心思考。

顾客是 Ta，不是 Ta 们

有次，我参加一个零售项目研讨会，与会人员不断争执项目的形式与内容，一方主张高端大气，另一方主张接地气，两方争执不下。有人提问：谁是我们的顾客？会场立即沉默寂静。与会人员突然意识到，自己自愿充当了顾客的代言人，但却没有事先研究消费者，没有仔细研究谁才是真正的顾客。这让现场一片哗然。

许多零售商都在企业成立时就确定了服务的对象，并随着企业发展，逐步修正目标顾客。德国零售商迪卡尔在创立时，把实体店的服务对象定为节约的老人、大学生及蓝领阶层，公司的战略就是提供质优价低的商品。为了获取低价，他们想尽了一切办法，把所有能省的过程和环节都省略掉。在迪卡尔，没有客服，没有免费的手推车，甚至不做预算，因为他们认为这样会浪费时间，变相增加成本。迪卡尔的目标顾客就是那些追求低价但又不太想降低品质的顾客。

优衣库和无印良品都是我们熟悉的日本品牌，这两个品牌的共同之处是设计精良，更适合消费者使用与穿着，但两者的顾客又显然不同。优衣库的顾客群更为年轻，他们经济能力稍弱，但是对时尚的敏感度较高；无印良品的顾客群显然更为成熟，他们有自己的审美情趣，有自己的追求，也更具时尚感。优衣库与无印良品的顾客群可能会存在较小的重合，但其目标顾客群又有各自的归属。

零售商的受欢迎程度取决于他们识别和了解顾客的程度。受欢迎程度高的零售商，对顾客的了解往往更为深入，执行与顾客沟通的策略也更为自信；受欢迎程度低的零售商，对顾客的了解也仅流于表面,甚至不求甚解,有点像盲人摸象。

零售商需要了解消费者的基本特征、生活方式、购物需求和购物的态度,这些都为零售商识别和了解顾客提供了依据。

怎样达到精准完美的服务水平?

消费者越来越敏感,他们在购物中如果受到委屈或感到不满,就会迅速转变心意与态度,与零售商划清界线。消费者对购物体验的严苛要求,让零售商在售卖过程中不敢有任何松懈。

服务具有易逝性的特性。服务是由代表零售商的员工与顾客接洽来完成的,在这个过程中如果顾客产生瞬间的不良感受,就会影响到他对日后购物的选择。顾客有时候不会把他的不悦告诉零售商,零售商也毫无觉察,更无法立即补救。所以这让零售商无法改进工作与完善服务程序,不知不觉中就会流失顾客。

商品具可见、可得的特性,而服务却不一样,仅是一个过程,过程结束,服务就随之结束。这就为零售商改进服务、提升质量设立了障碍。

要想达到完美精准的服务水平,只有减少差距。

一是执行的差距。零售商为了规范服务过程,都会制定相应的流程标准,但标准在执行过程中能否做到完全一丝不苟地落地呈现,这就非常值得商榷。因为标准在执行过程中,执行人往往会不知不觉根据个人的理解打折扣,所以顾客体验到的服务与其理想中的服务,其实就有了很大的差距。

二是预期的差距。顾客在去一家实体店之前,对其服务水准会有一定的心理预期。如果他在实体店享受到了超过预期的服务,无疑对实体店的印象加分,如果低于他的预期,肯定就会减分。但消费者的预期一般不会用语言文字明确表达出来,只在头脑中有一个模糊的认识,但只要当实体店提供的服务超过预期或低于预期,这个模糊的判断突然又清晰起来,让他能迅速对实体店的服务做出明确的判断。要消除低于消费者预期的差距,零售商需要建立一个更高的标准,提供超过预期的服务,这当然更能获得消费者的好感。

第三个差距是传递与接收的差距。愿望是美好的,但结果未必美好。零售商在传递服务的过程里,尽力做得完美,取得消费者的认同。但零售商有时也是满腹委屈,认为自己明明说的是这个意思,但却被消费者理解成了另外的含义。在举办促销活动时,就容易产生类似的误会,因为消费者对文案的理解总是偏向于自己一方。有歧义就会让服务的效果大打折扣。

服务形象的建立需要慢慢积累,更需要零售商用心地"做好自己":明确目标顾客对服务的期望,制定高于顾客预期的服务标准;做好培训与评估,做到服务的标准化与规范化。这是零售商建立良好服务体系的基础。

如何跃过发展的壁垒?

零售业需要与时俱进,但面对瞬息万变的互联网时代,零售商确实感受到了前所未有的困惑。一方面,时代在进步,配套设施在升级,消费者的需求也越来越多元化;另一方面,现实与理想之间存在着巨大鸿沟,心有余而力不足的状况让实体零售商的升级举步维艰。

在矛盾中生存,在夹缝中寻找发展方向,当下时代出的考题比以往任何时候都难以解答。

必须要发展,这是无法回避的事实。在零售业上一轮的升级换代中,许多老旧的零售商都倒在了发展的前夜,没有冲破黎明前的黑暗。

如何把企业的发展与行业的发展结合起来,在发展中找到自己的方向,这是当前零售企业面临的难题。

张近东说:"对零售企业发展而言,目前最大的挑战是对互联网等新技术的快速应用。"苏宁转型互联网以来,相继成立了金融、物流等专项公司,并都已实现了互联网化,苏宁还在北京、上海、南京、美国硅谷成立了 4 个技术研究院,光研究人员就达到 5000 人。苏宁投入这么多的人力用于发展研究院,就是为了专注新技术和新趋势的研究和把握,助力企业的发展,把挑战变为机遇。苏宁的实体店与苏宁易购的线上业务结合,实现了空间互联、虚实互补。在苏宁的线下实体店,为增强体验感,实体店被赋予了更丰富的内涵。店内有各种服务专区,如体验专区、金融理财专区、售后区等。通过互联网,消费者更紧密地与实体店连接在了一起。

发展与创新紧密地联系在一起,想要发展,就必须有创新,创新是发展的原动力。中小零售商在走创新发展之路时,首先要保持原有的优势竞争力,小范围试错,把试错的成本降至最低,因为体量小,对试错的承受力也小;其次要提升生存空间,提高生存能力,尽可能多地拓展生存本领;最后应重点关注消费者需求,所有的发展与创新都与消费者有关,消费者的选择决定了企业的生存。

经营深处的拷问,变与不变

突出重围,找到立足地,占领行业或区域行业的制高点,这是许多零售商的梦想。然而现实的残酷与竞争的激烈,却把梦想击得粉碎。

拨开云雾见明月。云雾重重,究竟用什么力量可以把云雾拔开,见到那轮最美的明月?看看零售的发展史,一路走来,做得好的零售商其实是有共性的,不管时代如何演进,消费者怎样变化,表现好的零售商都与这两个字有关。

变

一个主动求变的零售商保持了进取的姿态,不管在思维方式上还是经营策略上都愿意与消费者的需求相磨合。主动求变意味着要或小或大地改变过去的自己,甚至否定自己,这个过程相当痛苦与难熬,像凤凰涅槃,再造一个自己。无印良品当年遇到业绩滑坡时,时任社长松井忠三走访了许多实体店,与员工们座谈,专注于问题的解决。他还理顺了岗位职责,建立了工作标准手册,并处理了大量滞销商品库存。新制度的建立、与旧有观念的博弈、不良库存的清理与利润损失的阵痛,都让求变之路步履艰难。求变的过程不轻松,但求变后旧貌换新颜,无印良品走上了快速发展之路。如果没有当时的变,就没有今天的无印良品。

主动寻求变化意味着要走出舒适区,时刻挑战自己。不管是线上还是线下,不管是龙头还是草芥,敢于挑战的零售商不是在变化就是在变化的路上。这厢阿里的支付宝刚刚推了VR红包,那厢微信就推出了小程序,让消费者应接不暇。虽然变化无处不在,但也要看到,有的变化长久地生存了下来,有的变化如滑过天际的流星,一闪而过。

变化的根本是洞察顾客的变化,满足顾客的需求,这是所有变化的宗旨。

顺

此处的"顺"可理解为"顺势而为"。零售的发展如一条绵延悠长的水路,消费者和时代的发展、竞争环境的变化是河流里的水,零售商是船,逆水行舟,不进则退。只有顺势而行,才能与消费者、时代、外部环境融合起来,才能有取胜的机会。

零售商如果想做到顺水行舟,首先要顺应消费者的需求,不管是零售商暗合消费者的需求,还是引领他们的需求,消费者的需求始终是零售商前行的方向与目标。只有与消费者的需求合拍,消费者才愿意买单。

还要顺应技术的发展。凯文·凯利说,"技术是世间至强之功"。技术是零售商的内在功夫,拥有先进的技术犹如学会了世界上最高强的武功,靠它行走江湖,就多了份自信。对传统零售商来说,习惯了买货—卖货的简单操作模式和思维模式,在各项新技术不断推出的今天,许多实体零售商显得笨拙和不知所措,显然他们还没有做好学习新技术和应用新技术的准备。

马云提出了"五新"的概念，把新技术也列为重要一项。互联网企业对新技术的热衷有其天然的基因，而实体企业稍显迟钝，在新技术面前要拿出十分的热情热烈拥抱，才能与时代同步。

近期亚马逊实体店 Amazon Go 利用 AI 技术真正实现了无人结账。顾客在店里选购商品后可以直接拿回家，他的亚马逊账户随后会收到账单，消费者只要在网上支付即可。亚马逊利用计算机视觉和机器学习技术真正解决了顾客购物后需要等待结账的难题。这种体验在过去几乎闻所未闻，没想到现在梦想很快就变成了现实。

与竞争环境变化相协调，是零售商顺应时代发展的重要体现。零售是一个包容的行业，任何有作为、有想法的企业，都可以在这里大展拳脚。但竞争环境的瞬息万变，又让人不敢有半点松懈。在激烈的竞争中创造优势、突出优势、保持优势，这是与竞争协调发展的必由之路，而竞争是推动进步的发动机。

"顺势而为"还包含另外一层意思，那就是零售商的自我调整。一位有着多年零售经验的前辈曾感叹，每一年的发展变化太快，今年与去年就是天壤之别，去年可能还在犹豫是否引进第三方支付，而今年第三方支付就成了必备之物。零售商要时刻警觉外界的变化，还要警醒自身的不足，这样才能争取更大的机会。

其实，人人心中都有一个零售店

我和朋友小 A 一块去逛一家新开业的购物中心，回来路上相互交流，竟发现我们对购物中心的印象有着不小的差异。

小 A 说，购物中心的女装品牌做得好，以时尚、休闲类为主，许多品牌都是第一次亮相,但餐饮项目未找到亮点,太过平庸。

我却认为餐饮项目不错,集合了许多地方美食,带来了新鲜感,至于服装则没找到太多灵感,女装分类也过于模糊,在偌大的购物中心需要往返多次才能找到中意的品牌。

同一家实体店,同样的亲身经历,不同的人在同一时间竟然产生了如此大的认识反差。如果非要去寻找原因,这就是由消费者个人认知不同带来的结果。

每位消费者的认知决定了他的购物体验,也决定了他对零售商的印象。消费者良好的体验很大一部分来自于零售商对他已有认知的满足,这种认知可能是明确的,也可能是潜意识的,但是当零售商激发了消费者的某种认知,消费者就很容易与零售商达成共识。

如果让消费者去勾画自己心中的零售店,相信每个人都会给出别具一格的实体店,而且绝不会重复,就像世界上没有两片相同的叶子一样。

在传统零售时代,消费者只有样貌单一的零售店可供选择,个性需求只得暂放一边。新零售时代来临后,消费者的消费个性得到了极大满足,每位消费者都得到了个性化的反馈。在这样的反馈里,他们觉得与零售商的距离更近了。

亚马逊近期悄悄上线了一个新功能——"My Mix",向消费者推荐个性化的商品。消费者之前如果在 Interesting Finds 上发现了喜欢的商品,并点击"红心"按钮,亚马逊就会根据消费者的喜好而推荐个性化的商品。这相当于亚马逊为每位消费者都设立了一个专营商店,里面都是因为消费者表示过好感而专门推荐的商品。亚马逊通过这项功能让消费者轻松实现心中零售店的愿望,更值得一提的是，这项功能并不是基于消费者的购买记录和浏览记录，仅是通过消费者主动表达"喜欢"而得出的结果。这让这个独有的专营商店少了一些数据的冰冷，多了一点认同的温情。

新零售的提出，目的在于不管技术如何发达，不管数据如何庞杂，都要回归到根本，而这个根本的立足点就是消费者的需求。每名消费者对消费都有独有的理解与追求，零售商要做的就是在满足大众化需求的同时，尽量满足个性化的需求。当然，谁满足得更多，谁就能与消费者更亲密。亲密关系的建立，将为零售商赢得赞同票。

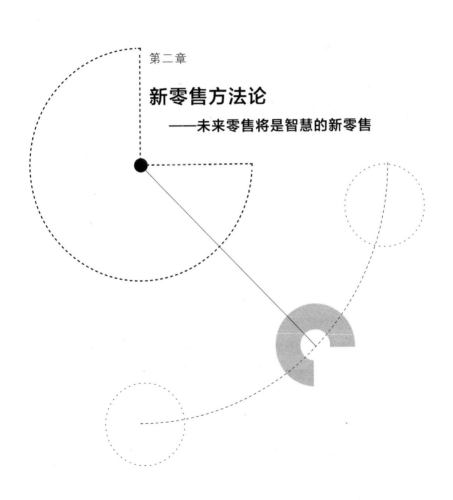

第二章

新零售方法论

——未来零售将是智慧的新零售

仅 2017 年上半年，就陆续出现了众多新的零售形式。这些由大零售商主导的创新实体店轮番登场，令人目不暇接。永辉开出了超级物种，这是永辉继绿标店、红标店、会员店、精标店后的第五个业态；新华都开出了海物会，不仅售卖美食，还营造空间美学，与"美"同行；步步高开了鲜食演义，对餐饮内容进行了调整，在超市就能品尝到地方美食，以期更迎合消费者的需求；大润发开出了大润发优鲜，以生鲜为主导，并对部分品类进行了升级……零售形式层出不穷地涌现，可看出零售商们践行新零售的决心与信心。如果把这些新零售形式归类或总结的话，会发现零售商无一例外地把生鲜或餐饮项目作为突破的重点。这看似是巧合，但也可以看出零售商们自觉或不自觉地研究了当前的零售形式，寻找到一些方法，让突破与创新更切实际，更贴合消费者的需求。

新零售的本质

新零售席卷而来，让人兴奋，也让人感到莫名的恐慌。兴奋是因为传统零售在停滞不前后，终于见到了一丝曙光；恐慌是因为新零售至今没有范本，没有成功的模式，每走一步都如履薄冰，得试探前行。

关于新零售的讨论，从诞生之日起，至今都未停息。它受到广泛关注，说明大多数业内人士认可了新零售的提法与形式，虽然认知的角度不同、理解不同，但从此开辟出零售的新样貌是不争的事实。

尽管对于新零售的争论还未见分晓，但是新零售的本质却日见明晰。

仍属零售本质范畴

零售的本质是商品与服务，新零售的样貌不管如何变换，仍无法脱离这两个要素的约束。现在已知的这些新零售探索，有的虽然超出了想象，但是只要细细分析就会发现，探索的范畴仍是围绕商品与服务。

新零售归根结底是要提升商品品质与服务质量。现在商品的外延正在扩大，包含了各种经营项目与经营内容。当下许多零售商在探索新零售时不约而同把餐饮项目作为重点。之所以这么热衷于餐饮的投入，主要是因为餐饮有与生俱来的优势，它是聚客利器，顾客必须亲自到店才能享用美食，这个特性让餐饮在线上与线下之争中，变得格外抢眼。围绕餐饮，众多零售商无一例外地扩大了它的内涵，增加了形式与内容。换个角度说，餐饮离消费者的生活更近。

餐饮被零售商玩出了许多新花样，如提供精细加工的食材，人们回到家只需稍加烹饪就能食用；售卖各具特色的食物，真正实现不用走太远就能品尝到天下美食；还提供各种可以作为轻食的食物，迎合人们对于健康饮食的追求……总之，餐饮成为新零售的法宝。其实这仍是以商品为目标做出的改变。

零售的进程走到今天，服务早就不是简单地说声"您好""谢谢"。现在，对服务的细节追求和对服务空间的设想达到了极致化。服务水平借助于先进的技术，更是达到了一个不可想象的阶段。

新近亮相的阿里无人示范店，彻底颠覆了人们对传统超市的认知。只要是淘宝会员且是大陆的实名支付宝认证用户，在店内点餐、购买商品可"随心所欲"。出超市大门，系统就会自动从支付宝扣款。零干扰的购物，让购物看起来"和没花钱一样"。无人店的生存前景及它要如何与传统零售相结合，需要时间的验证。现实是，在技术的帮助下，消费者的服务体验达到了如入"无人之境"。这些恍如科幻片中的片断，切切实实在现实中得到了实现。

线上线下的一体化

截至目前，所有打上新零售标签的零售形式，都有一个共同之处，那就是线上与线下的互通。现在的"互通"已不似线上与线下刚开始融合时那样笨拙，而是异彩纷呈，就像人练就了十八般武艺。

现在，不管是线上向线下伸展，如阿里的无人店、盒马鲜生，还是线下向线上的探索，如大润发优鲜、永辉的超级物种，这些新的实体店形式都同时打通了线上与线下的两条路径。这些被称为新零售的实体店，在建立之初就把线上与线下两条腿同时走路作为必备的技能之一。良好的先天基因，让这些实体店具备了传统实体店无法比拟的优势。

值得注意的是，这些新创立的零售形式，都不是由线上或线下单一发起的,而是线上与线下的零售商各自发力,各自发挥创意,建立起这些不拘一格的零售实体店。在新零售时代,线上与线下都获得了来自对方的认同,新零售也让线上与线下由对峙变得友好。

线上与线下的一体化发展将成为现在、将来的一个重要趋势,因为消费者的消费习惯已经改变,他们无意识地在线上与线下之间游走,体验无缝转换的快乐。

零售老将沃尔玛也在有意识地扩展服务项目,围绕实体店增加线上下单、线下送货的功能,增加实体店的附加值。沃尔玛总部合并了线上与线下的采购职能,合并后由统一的采购团队共同采购线上与线下的商品。这不光可以提高采购效率,还能因采购数量的增加而提升议价能力。沃尔玛通过商品,打通线上与线下的业务环节,形成合力,从而直面亚马逊的竞争,这为传统零售商的新零售之路提供了一个可实践的模板。

提升消费者极致体验

为何要提出新零售的口号?提出后,零售业到底发生了哪些变化?这些问题一直困扰着一些业内人士。困扰的原因之一是彼此离得太近,大家都拿着放大镜去研究新零售,试图把细枝末节都琢磨清楚。但太近就失去美感,失去研究事物的初心。俗话说,距离产生美,在这里也不例外。不妨让彼此离得稍远一些,因为新零售毕竟不是一件让人揣摩的器具,而是一个需要完善与实践的过程。

抛却新零售各种炫目的外衣,直达中心,新零售的内核是提升消费者的体验。

不管店铺的内容与形式如何惊艳,如何让人意想不到,都是商家在想尽办法满足消费者需求,提升消费者体验。餐饮为中心,生鲜为主导,各种便捷方式的提供……这些组合其实都是以消费者为中心给出的选择题的答案。

新零售,让零售商把目光重新聚焦到消费者身上,不再以"自我"为中心,而中心的转换是向零售本质的回归。经过沉寂、沉默、黯淡之后,零售商在新零售时代终于迎来了集体爆发。2017年众商家密集开店,各种零售实体店纷纷落地,都是为了在这个突破口找到突破点,这个点就是——满足消费者需求,提升消费者体验。

新零售 vs 传统零售

新零售自诞生那刻起,就一直有一个对立面,这就是传统零售。新零售的"新"与传统零售的"传统",形成了鲜明的对比,似乎新零售就是为了把传统零售打败而来,传统零售就是为了迎战新零售的挑战而存在。

追本溯源,新零售与传统零售本是同系同根,两者血脉相连。只不过,新零售走在了时代的前端。两者面临同样的环境、同样的人群和同样的模式,给出了不同的答案。

相较于传统零售,新零售的"新"在哪里?这包括下面的要点,又不限于以下,因为新零售几乎每天都是"新"的。

面对消费者

粉丝经济来临,消费者成为各方争夺的重点,谁拥有了消费者,并把消费者变为粉丝,谁就会获得更多的市场份额。但新零售时代的消费者与传统零售时代的消费者已然发生了变化,传统零售商再也不能用昨天的眼光看待今天的消费者。

消费观念的转变

传统零售商可能会疑惑,还是同样的人群,为何突然之间就变得不同了呢？因为消费者在互联网、新技术的引领下,悄悄地发生了改变。

购物时间。传统零售时代,购物时间是由零售商来主导约定的,超出限定的时间段,消费者纵然有再大的购物欲望也无法实现。而在新零售时代,时间由封闭变得开放,任何时间只要消费者想要购买商品,都可以轻松实现。新零售把夺去的时间又还给了消费者。

购物地点。传统零售的竞争地是商圈,这是因为消费者到达的地方是有限度的,他不可一天之内去了北京再去南京,然后又去云南,也不可能一天之内把一个城市的所有实体店都逛个遍。传统零售给予消费者的是一个稳固的地点,不能移动也不能跟随。而在新零售的当下,消费者为买一件商品,足不出户就可以对上万条不同店铺的商品信息进行比较,并能迅速筛选出中意的商品。消费者成为一个稳定的地点,店铺跟随消费者移动。

购物习惯。在传统零售时代,线下是消费者唯一的选择。购物去百货店、超市,在他们看来是一件无需思考的事情。但如今,去哪里购物，用什么方式购买，消费者的选择显然多了许多，线下不再是唯一。更多的消费者游走于线上与线下之间，交叉往返，行动路线并不受限制。路线的转变有时是思考的结果，有时则是无意识的。

消费诉求的转变

随着生活水平的提高、收入的增加，消费者的诉求与愿望也发生了诸多变化。

需求的满足感。 传统零售时代，消费需求单一且单纯；在新零售时代，消费者的愿望多样且多变，他们表达了一些诉求，也愿意选择与自己诉求相吻合的零售商。新零售提供了多元化的选择，给予消费者更多的空间。通过分析大数据和为消费者精确画像，零售商还能向消费者推荐个性化的商品，这让消费者备感亲切。

意愿的归属感。 消费者原来是各自为战、形单影只，一个人在消费的世界里默默体验。在零售技术的助推下，新零售让消费者找到了归属感。消费者能很快找到社群，找到有共同意愿的人；还能畅所欲言、分享感受，也能从他人的分享中获得灵感。新零售把消费者紧密地联系起来，组成了一张张网状关系图，消费者与消费者之间、消费者与零售商之间，成为一个有联系的整体。

消费方式的转变

现在出门可以不带钱包，但必须带手机，这就是新零售带来的变化。

支付方式。 记得很早前看过一本书，大意是说如果不带现金，如何想办法生存下去；现在，这简直不能算是问题，因为手机早就代办了一切。线下的零售商原来只接收现金和刷卡，现在也必须把第三方支付采纳为一个重要的收款方式。

购物行为的碎片化。传统零售时代,消费者需要拿出时间专门到购物场所购买;而现在,可以边追剧边购物,边坐车边购物,边等电梯边购物,这些行为的出现,就是购物行为碎片化的体现。购物由一个片断变成一个个碎片,一笔交易见缝插针就能完成,购物行为变得不可捉摸。

面对业务经营

消费者发生变化,直接带来经营行为的改变。在零售业,所有的改变都要围绕消费者,所有的改变也是为了消费者。

业态组合的更新。传统零售商对业态的探索一直中规中矩,如百货店、大卖场、超市……但传统业态最大的弊端是"千店一面"。而在新零售时代,零售商显然突破了这一藩篱,不断地创新零售形式。从永辉的超级物种到阿里的无人店,每个新零售形式的出现都会引起不小的轰动,因为它们不仅突破了从前,还创造了前所未有的内容,让消费者和同行们都眼前一亮。这些打着新零售标签的实体店一次次向人们的想象力发起挑战,当初盒马鲜生不收现金引发了行业大讨论,然而事隔一年多,阿里无人店直接不需付款了(当然,并不是真的不用付款),跨度之大、形式之新令人惊叹。

这些新零售实体店更关注消费者的"食",毕竟民以食为天,谁都离不开"餐"的给予。但是就算"食",也各有各的不同,盒马鲜生偏重于生鲜食材,天虹股份的都会生活超市 sp@ce 则以经营进口食品和有机食品为主,新华都的海物会把生鲜餐饮作为重点……亮相的这

31

些实体店，都另类解读了业态组合的定义。

商业模式的创新。一些传统零售商经营能力逐步提升，想入驻的供应商便趋之若鹜，零售商在此大好情景之下，就想出了更省力的办法，比如把自营变联营，把联营变租赁，一次次省力之后，逐渐丧失了管理能力、业务能力。许多零售商直接把自己变成了"二房东"，丧失武艺再去比赛，结果可想而知。而这些新零售实体店，从公布的资料看，大都采取了自营的方式，像永辉的超级物种甚至有自己的知识产权，从开发到推广，全部是永辉人亲力亲为，这保证了永辉可以直接掌控这种商业模式的核心，拥有核心竞争力。

内容至上。自媒体刚刚出现时，许多人喊出了"内容为王"，因为内容是自媒体生存的根本。而到了新零售时代，对零售商来说，内容同样重要，只不过此内容非彼内容。

传统零售对于零售内容并无多少心得，只是按部就班地组合商品与业态，因此必然导致实体店大面积的雷同。主因就是内容的相似度太高：相似的商品、相似的经营方式、相似的售卖方式甚至相似的设备与设施。而到新零售阶段，买卖双方对内容的要求就高了许多。像小时候写作文，老师常说，要言之有物，零售商对内容的经营同样要做到"言之有物"。

商品是素材。如同文章的美妙文字能净化读者心灵一样，商品带给消费者的不仅仅是功用，更多的是一种价值的体现。消费者通过商品表达一种生活愿望。在超级物种里面，每一个物种都是对生活细节的理解与诠释。消费者只要认同这样的理解，就会产生把商品带回家的愿望。

场景是表达方式。场景之所以现在备受推崇，是因为它能让消费者产生亲密感，并能获得更多的认同感。场景就像影像的呈现，给消费者的印象更为直观。在东京代官山，有一家以女性生活场景为主题的新概念商店——Maison IÉNA。在店内提供了 16 个生活片断，涵盖了从日常起居到工作、休闲、旅行等各种场景，通过商品的陈设和道具的使用来展现，让消费者有身临其境之感。

经营的初心是贯穿的主线。零售商的内在价值观如同文章的主线，这条主线自始至终都是一条重要的线索，如果没有了主线，文章将变成一盘散沙。同样，零售商如果失去内在的价值观，就如同失去了灵魂。近期频繁爆出零售商倒闭的新闻，看后令人唏嘘不已。外人看到的也许只是表象，其实在这些零售商的内心，恐怕早已把逐利放在了重要位置而忘了经营的初心，所以倒下是迟早的事。

新零售的新特征

虽然新零售的号角吹响后，还没有形成固定的曲调，但尝试者众，大家都在试图奏出自己的曲子。这些断断续续的音乐片断中，出现了一些相似之处，而这些相似又可以理解为新零售的新特征。

全渠道

全渠道先于新零售出现，它一出现，便引发了众多关注。起初，业内还在分析全渠道有哪些优劣势，并纠结需不需要做全渠道。而进入新零售时代后，全渠道成了新零售的标配，根本无法选择。这也可看出，新零售并不是直接从天而降，前期就已经出现了各种迹象。

购买渠道是由消费者决定的,消费者自由地在各个渠道之间转换、游走。如果消费者到其中一个渠道,而零售商在这个渠道缺失,那就意味着有损失客流的风险。全渠道让零售商必须在各个渠道都建立驿站,等候消费者,也吸引消费者,而零售商也可以把这些驿站连成一个无形的网络,让驿站与驿站之间道路畅通。驿站与网络的建立相当于零售商在跑马圈地的进程中找到了资源的优势。如果用一句话概括全渠道,那就是让消费者随时随地都能找到零售商。

服装品牌歌莉娅将全渠道战略归纳为"一个核心、三个方面"。一个核心指以消费者为中心,三个方面指从"人、货、场"三个方面为消费者提供更多的购买方式和途径。通过一个中心、三个方面,歌莉娅试图打造一个无缝的体验,商家可无时无刻地感知消费者,消费者也能无时无刻地找到品牌。

从已开出的新零售实体店看,全渠道已成为当前这些实体店的一个标准配置,消费者可以在多个渠道找到实体店,实现线上下单、线下配送。全渠道的建设帮助零售商捕捉到了消费者的各种消费行为,从而让零售商与消费者建立更密切的联系。

大数据

零售商的大数据主要依赖于全渠道对于数据的捕捉。传统零售时代,实体零售商和大数据之间的关联非常少。因为对消费者的识别度低,无法进一步分析与判定消费者,对消费者的画像处于混沌之中。但在新零售时代,零售商可以在各个渠道找到消费者,为消费者建立统一的识别标识。消费者的所有消费路径和消费行为都有据可查,一个微小的点击与浏览都会被记录在案,而记录这些的,就是大数据。

新零售时代,如果没有大数据的帮助,就像盲人失去了拐杖,令人失去了方向。大数据尽可能展现了一个较真实的状态,这种状态不带感情色彩,没有主观意念,只是观察与记录。比如,淘宝的千人千面,即根据顾客的购买和浏览数据,在首页推荐顾客可能喜欢的品牌与商品,甚至还推荐相关的社区论坛。这样的千人千面究竟有没有作用呢?从我个人的情况看,确实发生了看到推荐而购买商品的情况——有相同经历的消费者应该不在少数。

零售商的大数据着重关注的是和消费行为相关的数据,他们把这些数据收集、累积起来,达到为顾客精准服务的目的。

大数据的应用在新零售时代达到了出神入化的地步,如:大数据可以帮助服装生产商实现个性化服装的定制。消费者只要在 3D 试衣镜前一站,身体的各种尺寸就能传到智能工厂的信息平台,通过对这些数据的整理与分析,确定服装样板,12 天就能拿到定制的服装。在生产线,还有机器人裁剪,3 分钟就能裁一件衬衫,6 分钟裁一套西装。大数据让服装定制变得神奇起来,完成了看似不可能完成的任务。

沃尔玛为了加快数字化进程,分别在美国的本顿维尔和印度各建立了一个技术团队,还在硅谷建有一个庞大的团队。在大数据时代,如何设计公司,如何创造出顾客想要的无缝体验、如何与传统零售业务保持亲密的合作,这些都成为沃尔玛数字化进程中需要思考的问题。沃尔玛的 Gobal.com 部门利用大数据,识别正在变化中的消费者的喜好，还借助 shopycat 这个工具，分析 Facebook 用户的喜好和兴趣，为顾客推荐合适的产品，甚至还能帮助顾客挑选礼物。

英国品牌商巴宝莉（Burberry）采集了来自实体店、网上商店、移动端和社交网站的数据，进行数据分析和应用创新技术，对顾客进行识别，并据此建立了客户档案。原来需要 5 个小时完成的分析，现在只需 1 秒钟。现在只要顾客踏进店内，不管营业人员在哪个位置，都能立即识别到顾客的信息，了解他们的购买记录，并据此提供个性化的和更为贴心的建议。

大数据让零售商变得有些无所不能，完成了各种不可能完成的任务，对消费者的识别也更为清晰；它让零售商如虎添翼，具备了竞争的内动力。

新支付

第三方支付大举进入零售界，从开始的不以为意到现在的重视有加，零售商的态度有了天壤之别，客观原因是消费者的认可，主观原因是零售商需要提升支付效率。

第三方支付刚刚进入之时，并未引起众人太多关注，也不受零售商待见。支付宝就先从便利店这个小业态寻找突破，推广之初动用了许多推广策略，让消费者渐渐依赖上这种支付方式。"此'事'可待成追忆，只是当时已惘然"，许多后知后觉的零售商到现在才发现，第三方支付裹挟着新零售的基因而来，是新零售入门必备的工具。如果零售商仍坚持使用传统的支付方式，那带来的损失将无法计算。据一家零售商透露，上线支付宝支付和微信支付不到一年，两者的支付金额就占到了 10％以上。

据艾瑞咨询发布的数据,2017 年第一季度中国第三方互联网支付交易规模达到了 6.4 万亿元,同比增长 56.1％,环比增长 4.9％;第三方移动支付交易额达到了 22.7 万亿元,同比增长 133.4％,环比增长 22.9％。可见,第三方支付不论同比和环比都取得了较大幅度的提升。尤为值得注意的是,移动支付仍在高速增长。实体零售商的第三方支付大多来自于移动支付。

对消费者而言,移动支付的最大优势是便利,新零售要解决的核心问题是为消费者带去更好的体验,便利无疑是好体验之一。

除了借助第三方实现支付,也有零售商在做自己的金融体系,推出了自己的第三方支付。苏宁推出了苏宁金融,并在 2017 年第一季度第三方互联网支付交易规模市场份额中占比 2.0％,第三方移动支付交易规模市场份额达 764.2 亿元。苏宁金融不光可以实现第三方支付,也同其他支付方式一样,进行了功能扩充。用苏宁金融 App 可以给加油卡充值,为水电煤缴费,以及信用卡还款,手机充值,在线购买火车票、汽车票和机票等,还能乘公交车。苏宁金融还与全国的 4000 家苏宁实体店连接。主动贴近消费者,为消费者想得更多,这正是新零售做的事情。

在支付方式上,消费者需要做的越来越少。原来人们都是现金购物,没有现金寸步难行;后来有了银行卡,出门带张卡片就可能解决问题;再后来是各种第三方支付方式的流行,发展到现在,可以自动扫描,自动扣款。新支付方式的流行,解决了消费者的各种携带负担和麻烦,而零售商承担的义务和责任也越来越多。消费者的负担轻了,钱花出去得就更容易了。

新型体验店

消费者体验正受到前所未有的关注，因为消费者体验的好与坏，关乎零售商的客流、客单、销售等与经营业绩息息相关的指标。如何与消费者达成共识，让消费者得到一种体验满足？零售商们正在做各种尝试，用各种方式来触摸消费者体验的触角，试图与消费者贴得更近。

于是，各种新型的体验店相继亮相，这些体验店除了带给人视觉上的惊艳以外，更看重消费者在店里与商品接触的形式。通过体验，消费者得到一种前所未有的逛店感受。

耐克于 2017 年 1 月在北京中关村开了全球最大的一家体验店，这家店铺有 609 平方米，是耐克全球第一家篮球体验馆，从装修到商品陈设都显示了与众不同之处。体验店尽可能地与北京当地文化相结合，比如墙上的标语"接一拨儿"，是街头篮球轮流上场比赛的术语，这让北京顾客产生了亲切感。体验店还把篮球元素发挥到极致，把篮球系列、Jordan 和生活方式类的篮球鞋放到一起，突出了耐克的篮球文化。

阿迪达斯 2016 年也有新型体验店亮相，店内同样用高科技提升体验感。消费者把鞋子放在一个"鞋吧"上，屏幕就会自动显示鞋子的 3D 影像、设计概念和详细技术信息，这给消费者提供了一个全面了解商品的途径，因为设计好玩有趣，令人趣味感大增。

亚马逊和阿里一前一后分别开出了无人店，当前的无人店虽然基本实现了"无人"的状态，但可以肯定的是，它还处于初级阶段。当前亮相的实体店更侧重于消费者的尝鲜体验，如果想真正作为一种业态存活下来，后期还要进行改进与发展。但这无疑已是一次具有划时代意义的尝试，这是对零售这种劳动密集型产业的一次重构，减少人力已不再是一个梦想。

2017年6月，无印良品在上海开了MUJI Diner，这是一家无印良品餐堂。无印良品一直注重顾客体验，店铺设计让人流连忘返，看了还想再看。无印良品跨界后，能否把这种良好的体验基因带过去？在MUJI Diner门口，专门设置了一个冰箱，陈列蔬菜与水果，每个蔬菜与水果前面都有一个标牌，上面有种植者的头像，还有一个二维码，一扫就能知道哪些料理用了这些食材。这个展示让人感到无比贴心和放心，有来处的食材值得信赖——许多消费者都这么认为。

可以肯定的是，在这股新零售的浪潮推动之下，还会有更多的体验店亮相，尽管这些实体店的经营方向不同、业态不同，但可以肯定的是，这些实体店会让消费者的体验更美好。

智能物流

2017年6月，京东的无人送货车吸引了大量目光。两种体积不同的小车承载不同重量的邮件在北京的几所大学穿行，工作人员把邮件放进无人车的储存箱后，云端就能自动识别，无人车立即给消费者手机发送短信："我是京东智能配送车，正在全速为您配送订单。"目前这种小车只是在先期运行阶段，后期会逐步加大投放量。这看起来有点科幻的场面却真实地在现实世界发生了。通过无人送货车，京东解决了最后一公里配送的问题，解放了一些人力，提高了配送效率。

这仅是智能物流的一个缩影和片断，技术进步也为物流的发展带来了崭新的面貌，应用高科技和互联网技术打造智慧物流生态圈，将成为现阶段和未来关注的要点。智慧注入物流行业，对降低物流成本、提高配送效率起到重要的推进作用。当前阶段一定时间内，成本和服务应是物流行业竞争的焦点，谁能用更低的成本提供更好的服务，谁就能保证竞争的绝对优势。

《国内贸易流通"十三五"发展规划》提出："鼓励流通企业应用射频识别、传感器、卫星导航、智能投递等现代技术，建立智慧化仓储管理系统，发展自动化物流仓储中心；推动物流园区、仓储中心、配送中心建立智慧化物流分拨调配系统，加强人员、货源、车源和物流服务信息有效匹配，促进智慧物流发展。"

可见，不管是国家政策层面，还是物流企业自身发展的需求，都在积极推动智能物流的发展。

顺丰新近亮相了无人送货机，这台标有顺丰 LOGO 的机器在水面上滑行，引发了大量关注。顺丰早在 2013 年就开始测试无人送货机，通过自主研发、投资等手段，获取最先进的技术，完成对无人机的打造与改进。顺丰的蓝图是希望在不久的将来，快件能通过"大型有人运输机＋支线大型无人机＋末端小型无人机"三段式空运网实现36 小时通达全国，提高物流效率。效率的提高，将大大提升顺丰的竞争力。顺丰举例，从四川的攀枝花到成都，陆运配送需要 12～15小时，当把支线的陆运转为大型无人机空运，时间将缩短至 2.5 小时。可以想见，顺丰的蓝图筹划到位后，某些地区的次日达将能实现当日达。这无疑是一个巨大的进步。

英国一家生鲜电商近期正在进行为期 10 天的无人送货车测试,无人送货车从仓库出发直达顾客家门口,顾客凭密码解锁杂货箱,取走订购的物品。如果试验成功,无人送货车在英国的部分地区将取代送奶工的工作。

各种充满智慧灵感的物流装备正在试运行,或者准备投入使用,或者正在实验阶段。这些装备的投入,最终将提升物流配送的能力。在物流这条链条上,每个环节都尽显智能的力量。阿里和京东分别宣布将在 2017 年建造无人仓,至此,除了无人送货机、无人送货车,还有了无人仓,未来还会有更多的"无人"设备亮相,各大公司都争相建立自己的智慧物流生态圈。

谁的智慧物流生态圈打造得早,打造得好,谁就会握住物流发展的生存权。

新零售系统蓝图架构

许多成熟的零售商都在尝试探索新零售。对传统零售商而言,如何在现有基因之下,开出另类的花朵,这是一个值得探讨的命题。

每家零售商面临不同的问题,解决的方式也不一样。但归根结底,商家会发现所有的问题其实都是人的问题。

决策层

盒马鲜生实体店的横空出世,引发了许多关注与热议。一家面积不是很大的实体店之所以能交出如此亮眼的成绩单,最重要的原因是解读零售的方式不同,其生存的基因来自于线上。据悉,盒马鲜生内部把线上订单量一定要超过线下作为一个管理目标。这样一家与众不同的实体店,是如何诞生的呢? 盒马的总设计师侯毅说:"提出目标的时候谁都不知道怎么做,但这也正是新零售的意义所在:就是之前没有出现过的、全新的模式。"

可见,创立盒马鲜生本身就是一个探索的过程,因为无法预见未来的结果,这就更需要公司决策层有实践的勇气与信心。但大多数传统的决策层是保守的,在看不到未来,甚至连方向也没有看到的时候,不会贸然做一家需要大量投入、无法预计产出的实体店,除非是公司的决策层出现了问题。

按照公司的管理分工,决策层更应专注于战略层面,决策层应在战略上指出公司新零售的发展方向。

决策层与管理层、支撑层的分工有点像地图导航。决策层规划线路,管理层列出具体的路线,支撑层则需要按路线行走。

盒马鲜生在初创时,侯毅就和阿里的 CEO 张勇一起设定了几个让人看不明白的目标:一是线上订单量一定要超过线下,这样才有价值;二是线上订单(三公里范围内)每天 5000 单,突破行业纪录;三是线下变成线上的流量超市;四是实现生鲜电商的低成本物流。这几个当时看来令人无所适从的目标,今天再看就清晰了许多,因为有盒马鲜生的实体店做解读,这几个目标就变得有实际意义了。

虽然流淌着阿里的血液,但盒马鲜生除了必须用支付宝支付以外,并未显现出更多的阿里基因。从许多角度看,它更像是一个独立的存在,也因此有了更大和更自由的发展空间。

决策层在进行新零售系统蓝图搭建的时候,为了让新零售发展得更快,应把更多的选择权留给新零售的管理层。决策层应明确区分新零售与现有业务,两者在一定程度上要互不干扰。这样做的好处在于:一是可以保存现有业务的实力,各自集中精力,不会因为发展新零售而削弱现有业务;二是也给足新零售发展空间,不受现有业务限制。新零售至今尚无定论,需要的就是一些天马行空,以便尽情展开想象的翅膀,与新零售的特质相结合,探索出更好的实体店。

同时,决策层要主动给予新零售管理层更多的权力及可调配的资源。永辉的超级物种虽然脱胎于永辉,但就经营内容看,与传统的永辉实体店已经有了天壤之别,如果设立之初就紧密依附于永辉的传统卖场,恐怕就不会看到如此光鲜亮丽的超级物种了。

对零售商来说,决策层决定了新零售的诞生与发展,如果没有决策层的支持,新零售之路很难走下去。但新零售的不确定性及不可预计性,又加大了践行新零售的难度,这些都让决策层在做决策时犹豫不决,但机会稍纵即逝,失去机会就意味着失去发展的契机。

如今打着新零售标签的实体店正密集开业,虽然无法确定将来,但这些实体店的决策层都清楚,如果此时不去探索,就相当于把机会拱手让人,未来将不仅失去市场份额、客流,还有宝贵的经验积累。

管理层

管理层是新零售系统架构的中坚力量,起着承上启下的作用。决策层在任命管理层时,要赋予他们足够的权限。现在新零售实体店大都是零售商在传统业务上列出的分支,这也意味着传统业务仍是公司的主流和主导,新零售部门如果没有得到相应的资源和支持,就无法在现有能力下做到最好。如果不倾尽全力，在竞争激烈的当下，夭折的概率要大得多。新零售部门失利，不光让公司损失元气，还会降低员工的士气。

因此，新零售的管理层需要被区别对待。所谓区别，就是要与现有业务分离，单独管理，不能由现有业务的管理人员兼任。兼任的结果就是主次不分。从熟练程度看，现有业务更容易取得好的绩效，因此兼任的管理层在管理中会不自觉地发生管理重心的偏离。如果新零售部门得不到重视，将错过许多机会。

新零售部门在零售企业内部也需要单独组织与管理，在绩效设定、薪酬设定、激励措施、人事决策方面要给予新零售部门更多的话语权。在设定各项管理目标时，如果给这个部门戴上紧箍咒，可想而知后果会是什么：可能就不会见到永辉的超级物种，也不会有大润发的大润发优鲜……管理层的管理目标收紧受限，意味着要戴着脚镣跳舞，沉重之下怎能跳出更好的舞蹈？

管理层也要时刻保持与决策层的沟通，让决策层了解最新的动态及项目进展情况，保证正向信息和反向信息的顺畅反馈。日本的7-Eleven一直发展较好，在日本已经远超罗森和全家超市。在7-Eleven有一个OFC岗位，即现场经营顾问，每个OFC管理7到8家实体店，董事长要求，每两周2500多名OFC就要从全国各地赶往东京开全国性的经营检讨大会，董事长每次讲话都会强调7-Eleven的顾客经营哲学，之所以必须面对面交流，是为了让沟通顺畅，上传下达更简洁方便。新零售部门是一个新事物，面临的问题也是全新的，因此管理层与决策层要订立定期交流的制度，简便迅速地解决问题，并能及时调整思路。新零售的进程就是一个不断创新和不断修正的过程。

永辉在这股新零售风潮中,一直表现抢眼,不断推新创新实体店。永辉之所以拥有如此强大的裂变速度,与它的合伙人制度分不开。现在热议的超级物种属于永辉云创,而永辉云创则由永辉超市主力注资,并在其内部同样实行了合伙人制度。永辉云创由12名联合创始人和与战略合伙人组成,每位合伙人可以再组建新的公司,数量为6个以内。超级物种就是这种制度下组建而成的二级子公司。在超级特种内部再分解出6名合伙人,选出队长自主经营与核算,像超级物种下的鲑鱼工坊、麦子工坊就是这个体制下的产物。合伙人实行末位淘汰制。合伙人制度的根本是上下利润共享、风险共担,这调动了管理层和员工的积极性。从管理角度上看,永辉的合伙人制度保证了创新的独立性和积极性,让激励与压力并存。管理层的活跃,在一定程度上让零售商的创新步伐变得更快。

支撑层

新零售的架构体系就像搭积木,一层层累加,无论哪一层力量不足,都会倒塌。在这个架构中,支撑层的作用尤为明显。在新零售从构想到落地的进程中,支撑层离地最近,所有的实施和执行都需要这个层级来完成。

新零售实体店大多颠覆了原有的零售形式,因此在落地过程中,肯定会遇到种种的不适应、不理解,如何化解这些问题?支撑层是重要的衔接,支撑层需要把管理层的意图贯彻到底,并及时反馈问题,做好双向沟通。

支撑层在零售架构图的最末端，离决策层远，离公司的战略远，离公司的蓝图也远，但离商品和消费者近。消费者是零售商最宝贵的资源，是公司战略和蓝图的检验者，在近似怪圈的循环中，支撑层具有重要的战略地位。

现在大数据发达，消费者的行为、动态都可转化成数字化的描摹。虽然结果更具客观性，但隐含了一个问题：数字无法感知消费者的温情。支撑层近距离接触消费者，他们与消费者感同身受。支撑层要把体会及时传达给管理层，变成管理的改进。

同时要让支撑层享受到企业的发展成果，通过利润共享，把企业的发展与员工的个人利益紧密相连，这样员工也更愿意为企业的发展而努力，这是一个互惠互利的过程。新零售的落地如果失去支撑层的支持，终将变成空中楼阁。

新零售的实现

2017 年 7 月，马云到盒马鲜生参观，首次承认它的阿里血统。因为马云强大的影响力，盒马鲜生一下子成为热点。据说客服一天就要接 1000 多个电话，都是询问加盟、邀请开店等，他们都对合作表现出了极大的热情。这也从另一个侧面说明，在传统零售持续疲软、增长乏力的状态下，大家对新零售抱以莫大的希望，希望能从这种模式中找到发展的出路。

商业模式

新零售的商业模式突破了原有的限制,也不再遵循原有的框架,而是别具一格地出现在消费者面前。

细看这些横空出世的新零售实体店,大都遵循这样的原则:线上线下一体化,以全渠道发展为目标,以线下实体店为驿站,线上线下客流在此交叉流转。具体到新零售的商业模式,却没有一定之规,这些广为人知的、新落地的实体店大都没有一个固定的模式,都是零售商根据自己的理解原创而成,比如:盒马鲜生以餐饮+生鲜为主要经营模式,创新精细化加工食材;超级物种集思广益,花样组合,拥有创新的自主权;新华都打造的海物会,聘请米其林厨师团队来把关,让美食与美景相得益彰,顾客仿佛身临其境。

而孩子王的商业模式则是以全员会员为中心,顾客是会员,会员亦是顾客。会员体系的打造让孩子王与顾客建立了亲密的联系,这与传统商业模式不同。全员会员意味着孩子王掌握了所有顾客的数据,因此可为顾客提供及时、便利、个性化的服务。孩子王线上与线下的顾客重合度达到了90%以上,这意味着孩子王真正实现了线上与线下顾客的无缝转换。

新零售的商业模式可让零售商发挥想象力,不用拘泥于现有的形式,也不用固守现有的经营业态,而是尽可能地发挥独创优势。但创新的商业模式不能是空中楼阁,需要扎根于顾客需求的土壤,与现有的优势相结合。

新零售风潮来临,传统商业模式肯定会发生一些变化,大到再创一个新模式,小到对细节的修正,但每种变化最终的检验者都是消费者。商业模式创新没有固定的样式,也没有标准,唯一能做的就是边走边探索,停留在原地肯定不是最佳方案。

新零售系统

"好马配好鞍",如果零售商是一匹好马的话,那它确实需要一副好鞍,这个"鞍"就是系统。传统零售商的系统大多仅能实现销售、销量、客单的统计,仅满足基本功用,这在传统零售时代似乎没什么不妥,足以应付零售商的数据分析;而在当下,新零售遍地开花,大数据成了必备,许多零售商都构建了自己的数据系统,数据成为关键资源。数据大战一触即发,对数据的争夺实质是对消费者资源的争夺。

新零售让线上与线下一体化的进程加快,传统零售商在构建线上系统时明显笨拙。如何能应用好最先进的系统,他们一头雾水。许多零售商首先想到的是外援:自己无法做好的事,交由别人来做。他们与专业的系统公司合作,在这些公司的帮助下,构建新零售形式下的新系统。但系统是结果,在创建为我所用的新系统之前,需要有明确的思路与目标,不能赶潮流似地仓促上马,一套系统的完成需要加入零售商自己的智慧。

据悉,为了与当前新零售的形式相适应,现在许多零售商都在构建全渠道系统。只要资金到位,新系统的搭建应很快就能完成,但新系统完成的只是物质条件的准备工作;当前最需要的是在新系统的助力下,带动思想和思考方式的转变。新的系统采用新的逻辑方式,这需要零售商在内部管理方式上建立与之匹配的思路,只有人的思想转变了,零售商才能在系统的助力之下如虎添翼。

孩子王的CEO徐伟宏认为,新零售的四要素之一就是建立以有温度的大数据为导向的智能化系统,而阿里也在一份报告中指出,掌握数据就是掌握消费者需求。与其说建立新系统是为了更好地服务于零售商,不如说是为了更好地服务于顾客。新系统就是搭建了一个桥梁,零售商可以近距离地观察消费者。

新生企业自成立之日起,自动搭上系统的快车,现有企业则要加大力气改进系统。未来,有序的智能化系统将会贯穿到企业管理的各个方面。

系统是鞍,好鞍会让马儿跑得更快。

运营服务

新零售实体店无疑具有更强大的运营能力,直接表现出来的是更炫的商品组合,更贴近消费者的经营形式,然而支撑这一切、在背后发挥强大作用的其实是供应链。

供应链在传统零售模式下就很受重视,因为更短更简洁的供应链能带来更新鲜的商品和更低的价格。当下,供应链仍受到空前重视,因为这是一条"生命之线"。

超级物种在进行物种孵化时,供应链的稳定是孵化的基础,如果没有稳定的供应链,那么物种孵化就会成为看上去很美的海市蜃楼,终将无法落地。永辉强大的供应链是永辉发展运营的基础。在永辉超市时代,永辉的生鲜供应链一直让业内称道,利用基地建设与产地直采的优势,永辉的生鲜产品一直以物美价廉著称,正在种良好的供应链体系延续到了超级物种。但超级物种的供应链不满足于此，正尽可能延伸出去，建立全球直采制度，他们预计将有 1000 只单品能实现全球直采、品牌定制、品质定制。获得优质产品、保证最优的采购体系，正在成为永辉运营的核心竞争力之一。

现在零售的竞争早已从前台转向了后台，最直接表现是，前台的商品差异化大、越来越不容易被模仿，这使得竞争优势能够得以持续保持。而后台是差异化的保证，让优势得以扩大。

这是一个循环：把科技和数据注入供应链，提升整体供应商的效率，通过积累的数据挖掘消费者的需求，利用优质的供应链实现自有品牌开发、商品定制，使商品的差异化进一步提升。

就像超级物种、盒马鲜生、海物会，这些看上去很美的新零售实体店，除非与其合作，否则很难被复制与模仿，因为其强大的运营能力令人难以望其项背。

新零售的服务也表现出了不同的特色。2017 年 7 月，京东与贝全母婴店达成合作，计划在 3 年内开出 5000 家京东贝全母婴店。母婴市场如今发展迅猛，京东本次专注于母婴区域，是看好其良好的发展前景。本次合作，双方更着意打造优质的服务体验。母婴这一特殊顾客群体对服务与体验的要求高，只有真正契合消费者的需求，才会打开消费者的心扉。京东贝全母婴店，借助京东的优势与京东商城互动与补充，线上线下相互融合，消费者可以实现全渠道购买。

新零售对运营与服务的要求不再是简单和单一的线性标准，随着全渠道、360 度体验逐步渗透，运营和服务呈现出了一个立体的场景，消费者的感受是全方位的，更具现实感，就像看 3D 电影，观众与影片浑然一体。这也给零售商提出了更高的要求,毕竟营造出一个多维的、立体的运营服务空间肯定要比打造单一的场景复杂得多。

新零售带来的产业转型升级

新零售的横空出世像是一个倒逼机制,让零售商倍增紧迫感,从而不得不调整现有的经营方式与经营思路,创新零售形式,以适应消费者日益增长的消费需求。新零售像一粒石子投入平静的湖心,击起层层涟漪。在新零售的带动下,零售业确实发生了一些变化,这些变化让零售商不得不进行转型与升级。

产品个性化

传统零售模式之所以被人诟病,是因为其面孔的大面积雷同,消费者不管去哪家实体店,看到的都是近似景况,时间一久,消费者就失去了新鲜感。现在处于窘境的业态,比如大卖场、百货店,大都是因为失去个性、一味强调共性,所以频频撞脸。

在新零售实体店落地之前,业内一直强调"个性化和差异化"发展,但怎样取得个性化和差异化,在没有找到好方式之前,这仅仅就是一句口号。

在新零售时代,个性化成了必备的技能。因为消费者对个性的要求已经到了无以复加的地步,没有个性,消费者宁愿不去购买。但消费者这么多,如何满足每个人的个性?这显然是一个问题。线上零售商可以通过对大数据的抓取,实现"千人千店",线下零售商由于有限的空间与商品，在通往个性化的路上显然与线上零售的实现方式不同。

线下零售商应以目标消费者为主要突破点，满足目标消费者的个性化需求，这是更为省力也是更有效的方式。

事实也是如此。

新近开业的这些新形式的实体店，都有明确的目标消费者，也有明确的经营定位，像盒马鲜生和超级物种都是为了满足对产品有品质要求的年轻的消费者，都把餐饮项目作为重点经营类别，但又都给出了不同的解读。解读方式不同就避免了产品的雷同，强化了产品的个性。

在一些传统卖场，餐饮项目基本以加盟或租赁为主，零售商成为甲方，把地方出租给乙方，产品权、品牌权都在乙方，零售商变成了收租金的二房东。这种省力的方式，一时间效仿者众，但雷同就难以避免，毫无竞争力也是不争的事实。而这些新零售实体店，都不约而同地选择自创餐饮项目，大多拥有餐饮的自主权甚至品牌权，这就保证了餐饮经营的独家性和个性化。

店怕"撞店"，衫怕"撞衫"。消费者对服装的个性化追求一刻也未停止过，比如，谁都想拥有一件独一无二的服装。H&M与谷歌合作，把消费者这一愿望逐步变成现实。两者合作推出了一款 App——Date Dress，它能跟踪消费者的日常数据，通过一系列算法和数据分析，为消费者提供个性化的定制服装。在互联网和大数据的普及下，真正实现产品的个性化需求将不再是一个梦想。

新零售的风潮让零售商充分认识到进行个性化经营是一种趋势，而商品的个性化则是这个趋势的重要内容。

新近在北京开业的 Quick Flash 快闪生活店,一开业就吸引了许多人的目光,这缘于店内的特色商品。在快闪生活店内,主要售卖从世界各地收集来的有品质、有情怀的美好物品,每一件商品都是由专业买手挑选。商品的陈列也充分参考了美学化的陈列效果,消费者进到店内,就能感受到与众不同的氛围。商品独特的采购方式,让快闪生活的商品具有了个性化和差异化的特性。

可见,要想获得产品的个性化,要么进行商品自创,要么拥有独特优质的进货渠道,这两点都需要零售商由被动地坐等商品变成主动地寻找商品,由被动变主动,调动全身细胞来发现好产品、好方式。

商品去库存

中国连锁经营协会和普华永道联合发布的《2016 中国零售企业营运资本管理调研报告》显示,有超过 85％的受访零售企业认为库存管理是营运资本的最大挑战。库存管理受到空前关注,因为它体现了零售商的管理水平和管理效率。

过高的库存与过低的库存都存在风险。高库存占压资金、占用仓库和货架资源,浪费人力、物力、财力……高库存会把一家企业拖向深渊,许多零售企业对高库存都分外警惕。但过低库存的危害同样不可轻视。库存过低,意味着缺货,消费者不能买到想要的商品,如果不能满足消费者,消费者就有流失的风险。

因此库存成为一个杠杆,不能过分偏左,也不能过分偏右,需要达到一个平衡点:既不缺货,也不积压。这个刚刚好的状态对库存管理提出了较大的挑战。

在库存管理的平衡点上，不能仅以平均库存周转天数来衡量库存管理是否规范，而要深入内里去看本质。理想的目标是畅销商品要保持高位的库存，销量不大、属于补充功能性的商品则要低位运行，这对库存结构的合理布局提出了要求。当单品数达到一定规模后，要想通过人工方式来控制库存合理水平、保持库存结构的合理布局，无疑加大了库存管理的难度。而如果借助在前端积累的大数据，对消费者的消费行为进行预判，再来合理配置库存，则将为科学合理的库存配置找到一个可行的路径。

相较于低库存的危害，品牌商和零售商更需要防范高库存的风险。低库存的危害是慢慢侵蚀的，不那么明显，但至少也不会带来显著的麻烦，但高库存就不同，它将直接危害到商家的生存与发展。

一份报道显示，许多奢侈品牌都减少了新款手袋的款式，Michael Kors 在 2016 年第三季度内，款式环比减少 24％，而 Prada 平均下降了 35％，Burberry 新款数量则减少了 8％。之所以不约而同地出现了这种状况，分析师认为这是因为各大品牌商都在忙于清减库存，而忽略了产品的创新。由此也可看出，品牌商对于高库存都是战战兢兢，生怕落入高库存的泥潭里，就算放弃款式创新，也要把削减库存进行到底。

无印良品也对部分产品试行"零库存"的管理策略，一些季节性产品，无印良品会有意识地控制产量，尽量做到与市场需求相匹配，避免剩余过多而不得不进行清仓甩卖。在无印良品店内，一些季节性强的商品，如夏季的小衫、冬季的外套，稍一过季，在店内就大多不见了踪影，这应与无印良品谨慎的库存管控有关。把库存控制在相对保守的范围内，至关重要。

Zara 的库存管理方式是行业学习的楷模。Zara 把服装款式分为了固定款和流行款,分别占 60％和 40％,固定款的库存量相对充裕,可以保证供给,而新款上市时 Zara 会尽量把库存压到最低,甚至到 25％,而行业标准一般是 50％,然后根据市场的反馈不断调整策略。新款的低库存运营让 Zara 保留了较大余地,避免上市后库存积压的风险。

库存管理不到位,要么给商家背上一个沉重的包袱,要么就是消费者买不到想要的商品。不管哪种情况,都会直接影响到零售商的业绩,带来深层次的危害。在当前,找到合理、恰到好处的管理方式与系统控制方式非常重要,而这些都是与经验、探索、创新分不开的。

精准化营销

当你在外卖网站点餐后再次点开 App,系统就会自动推荐餐饮店,推荐的基础是在同一家店点餐的顾客又吃过的那些店。这是基于顾客同一种喜好而进行的精准推荐。这样推荐的成功率相对较高,系统抓取了过往数据,在这个数据基础上进行的推荐更令人信服。

因为大数据的引入,线上与线下大规模结合,营销由原来的粗放投放变成精准投放。精准化的推荐方式,让营销由公众化变得更加私密和亲密。

精准化营销是如何实现的呢?消费者留下的过往数据将成为推荐的基点,比如购买、浏览、参与过的社交论坛、购买网站等,这些都会成为个性化推荐的数据积累。在经过复杂的、瞬间完成的数据分析之后，商家向每位消费者推荐的商品就都不相同，往往更符合消费者的需求。现在许多零售商对精准化营销的运用都到了炉火纯青的地步，但现实远比这个复杂得多，也远比这个深奥得多。

精准化营销的基础是大数据，这也是为何许多新零售实体店对数据如此重视的原因之一。如果没有数据的积累，精准化营销终将无法落地。

每位消费者都是个性化的，个性化的需求需要用个性化的营销来满足。国美在线就利用大数据为顾客打造了与众不同的营销体验。在国美在线搜索"手机"，每个人搜出来的结果都不一样，因为系统根据消费者的行为来猜测喜好，向他推荐可能更为适合的商品。国美在线 App 的首页正中还有一个"猜你喜欢"的应用，每位消费者登录后看到的界面是不一样的，这也是一种个性化推荐，这个板块的转化率也较高。个性化总是更能让消费者心动。

而实体店在识别和分析消费者时面临的问题要多得多。实体店无法第一时间通过大数据对消费者进行分析与识别，这无疑加大了精准营销的难度。优衣库提供了一种解决方案。它在全国每家实体店安装了"智能买手"大屏，大屏内容包括"选新品""优惠买"等四个板块，消费者只要出现在大屏的 5 米之内，它就会主动问候，邀请消费者互动。大屏每天收集消费者关注和互动的资料，将这些数据传到后台，组成客户资源库。优衣库在 100 家实体店测试后，发现顾客的成交转化率提高了 15％以上。通过现场收集资料和数据，为下次顾客购物做好了准备，这也是拉近顾客距离的一种方式。

如果说之前的营销是广撒渔网，却不知能有几条鱼儿落入网中，那么现在则是针对不同的鱼儿撒下不同的鱼饵,这样无疑会提高命中率。当然,这里的鱼指代的是消费者的潜在需求。精准化营销让消费者感受到"一对一"的美妙,营造出彼此亲密、友好的氛围,毕竟谁也不能拒绝友善的示好。

品牌大增值

当得知组成超级物种的各个工坊都有自己的知识产权的时候,我们不禁要为零售商的品牌意识拍手叫好。当今零售的发展早已突破了旧有认知的界限,对零售品牌的细节关注也是到了精益求精的地步。

新零售时代,不管是零售商还是生产商都刻意地增强了品牌意识,都在自觉地打造一个品牌,维护一个品牌。尤其是零售商,品牌意识得到空前加强。

这些新落地的新零售实体店不约而同地采取了新的零售品牌名称,与原有成熟的零售品牌存在若即若离的关系。有成熟品牌在先,而且广有知名度,为何非要独创一个新品牌落地呢?这缘于零售商日渐增强的品牌意识。为不同类别的实体店取一个新的名称,可以让消费者在潜意识里对实体店定位有一个清晰的认识,这样有助于消费者辨识实体店的业态,也能让目标消费群自动站队。因此,零售商要大费周折地为不同类别的实体店命名。有了品牌,有了明确的品牌定位,有了目标消费群和消费者的认可,这就是创立品牌的成功。

一位碳酸饮料的钟爱者说,他知道许多人只喝可口可乐、不喝百事可乐，或者只喝百事可乐，不喝可口可乐。当问及原因时，他给出的答案很明确，他说因为两者的口感略有不同，钟爱一个品牌，就无法对另一个品牌产生好感。如果再去挖掘深层原因，恐怕就是对品牌的认同感和共鸣感。一个人对一个品牌的喜爱，具体表现在对产品的认同上。品牌与产品互为表里，两者相辅相成，留给消费者的是一个综合印象，而消费者也爱屋及乌，分不清是因为产品而更钟爱品牌，还是因为品牌而对产品更加喜爱。

可口可乐虽然培养了忠实的顾客，但为了能继续抓住年轻的消费者，也是费了许多力气，用了许多新的招数。可口可乐在昵称瓶、歌词瓶之后，2017 年又出了许多创意产品，比如为新代言人鹿晗出了一款定制瓶——鹿角瓶。在美国还与音乐跨界制作了昵称曲，涵盖了 1000 个名字，只要在定制页面上输入自己的名字，就能获得专属曲，如果没有你的名字，则将送上一曲 *Sorry*。这些持续的创意，让可口可乐不断吸引新的消费者，继而把他们培养成忠实粉丝。

现在品牌商除了通过产品宣传自我外，也更关注内涵。一个能产生共鸣的品牌，将得到更多人的认同。

内涵的培养也像人的气质一样，不是因为换了一件衣服，就气质不同起来。气质是由内至外的散发，需要培养与养成。

随着消费者需求的增多，零售商和生产商都不能再以单纯的销售为目标，而要围绕销售做好周边工作，比如如何与消费者互动，如何让消费者更便利，如何对消费者体贴入微，如何给到每一个消费者唯一……这些与消费者紧密相关的工作，其实都是在为品牌增值，因为只有消费者的认知度高了，品牌的影响力才能增大，进而更得到消费者的认可。

第三章

新零售生存法则

——极致制胜，引爆新零售驱动因素

"极致"一词最早出现于何休《公羊解诂序》:"圣人之极致,治世之要务也。""极致"在这里指的是最高的造诣。对于零售商来说,极致制胜就需要在某一方面做到最好或是独一无二,而且必须要打动消费者。

达到某种极致,这是俘获消费者芳心的捷径。消费者不可能记住零售商经营的所有商品,也不可能记住所有的价格,尽管这些是他们所关心的,但他们会记住零售商某些特征,比如这家超市的生鲜做得好,比如这家店服务很不错,这些特征像一块强有力的磁铁,吸引消费者一而再、再而三地光顾。

极致需要零售商订立明确的目标,然后全力以赴地实现它。极致还需要零售商将其提升到战略层面,并将其设为公司经营的连续主题,而不是今天创立一个极致目标,明天又要开创新的极致方式,断断续续的目标定位会严重阻碍消费者对一家零售商的辨识。

如何建立极致化的生存法则?或许四步法能解决一些问题:

第一,分析行业环境和周边环境,找出谁才是竞争对手,而竞争对手又是靠什么取得了消费者的认同——"知己知彼,百战不殆"。

第二,避免与竞争对手针锋相对,在竞争对手足够强大时,如果非要去碰一块硬石头，可能极致没建立起来，自己就先粉身碎骨了。任何一家零售商在有优势的同时，肯定也蕴含着缺陷，而这个缺陷恰恰给别人留下了机会——"以己之长，攻他人之短"。

第三，要有足够的信心支撑起对极致的追求。例如，明明服务水平不达标，员工素质有待提升，服务设施老化，但不愿意下大力气改进，那极致的目标只能是一纸空文。极致目标不仅自己要信服，更要让消费者认可——"没有金刚钻，别揽瓷器活"。

第四，设立极致目标，要动用零售商的各种资源，全身心支持极致的达成——"多措并举，全力以赴"。

新零售下的7种极致法则

对于零售商来说，在某些方面做到最好或更好，是有可能获得更大的生存空间的。这让零售商能够迅速脱颖而出，获取更多消费者的好感。下面总结的7种极致法则，有些零售商已经在运用，并确实得到了更多消费者的青睐，从而让他们显得有些与众不同，取得了阶段性的佳绩。

效率极致

沃尔玛在创立之初，山姆·沃尔顿就意识到了效率的重要性，在其自传中，他指出只有取得更高的运营效率，才有可能不被淘汰。当时的沃尔玛还不如今天这般强大，还在为生存与发展苦恼。山姆·沃尔顿当时理解的效率就是取得更低的商品成本和运营成本，从而让消费者以更低的价格购买商品。通过这个理念，沃尔玛售出了更多的商品，取得了更高的销售，也保证了利润的获取。

时光流转，随着技术与消费理念的提升，今天的消费者有了更多对效率的理解与要求。山姆提出的运营效率在原有基础上，需要丰富更多的内容，以满足消费者日益提高的需求。

盒马鲜生这个新鲜业态横空出世以后，引发了行业大讨论，它的出现颠覆了一些惯常的经营理念，比如尽量不收现金，同时给出了一些可行性实践的思考，许多业内人士大呼：原来零售还可以这么做。"春风吹入此中来"，它的出现让一部分零售业的面貌焕然一新。

盒马鲜生更在意的是提升效率。效率的提高，节省的将是资金、时间等各项成本。它的效率提升已不同于之前传统零售的操作模式，而是借助移动互联网工具，给年轻的消费者画像，分析他们的行为数据，并据此赋予实体店更多的职能。

供应链的效率。盒马鲜生推出了 10 款"日日鲜"蔬菜，以绿叶蔬菜为主。而绿叶蔬菜存在运输难度大、保存难度高、稍不新鲜就滞销等诸多问题，这让零售商做好绿叶蔬菜经营更加困难。为保证蔬菜的品质，盒马鲜生每天从产地直采，全程冷链运输，经过精细包装后，直接到达实体店冷柜存储销售。产地直采，采摘及时，运输过程严谨，这些不仅保证了蔬菜新鲜，还确保了价格优势。

盒马鲜生采用农业订单方式，从蔬菜种植开始就与基地建立联系，指导供应商生产。从生产基地直接到超市，它力求找到最短最精减的供应路线，因为路线的缩短，就意味着效率的提升。在同样时间、同样成本之下，盒马鲜生能做更多的事情，最终换取的是低价高质。就像绿叶蔬菜，在上海店一包韭菜仅卖 1.5 元，菜价可与菜市场媲美。从蔬菜采摘到实体店上柜,这一系列工作要在 18 个小时内完成,在有限的时间内完成许多零售商要在一两天内完成的工作,这对它的供应链效率提出了更高的要求。

收银的效率。盒马鲜生最初引人关注的原因是把第三方支付作为主流甚至是唯一收费方式,这有点令人匪夷所思。这相当于它人为地划分了目标消费群体,或自动地把一些人群划到店外——主动向消费者说"No",这让人有些难以理解。

细看下去,他们这样做有自己的道理,盒马鲜生的目标群体是年轻的对生活品质有要求的"80 后""90 后",这部分人群几乎人手一个支付宝账号,这个门槛对他们来说根本不算什么。在这里购物,需要先下载 App 然后才能用支付宝付款,这个看似强势的规定,让盒马鲜生 App 拥有了大量用户,客流自动由线下转到线上,线下与线上的路径畅通无阻。消费者既可以在线下购物,也可在线上下单,少了其他零售商线下与线上互相引流的烦恼。这让它与目标消费者的关系更加紧密。

用支付宝付款省去了找零、刷卡的麻烦,无疑会提高收银效率。效率提升,势必减少人力成本。盒马鲜生在店内要求用支付宝付款,看似任性,实则背后隐藏了诸多秘密,这秘密的核心就是效率。

服务顾客的效率。用支付宝付款减少收银等待时间,也提高了顾客效率。但盒马鲜生不仅局限于此,他们以顾客的生活场景为主轴,尽可能多地把食材在店内进行预处理,减少顾客回去烹饪的时间,提高顾客的生活效率。这对时间紧张的上班族来说,是一种理想的生活方式:超市提供放心的半成品食材,拿回去只需稍稍加工或者在店内代为加工,将可节省许多时间。这不同于之前超市流行的净菜。净菜只是提供了一种食材，而不是对生活方式的改进，因此并没有引起消费者太大的反应。

盒马鲜生发现了围绕顾客就餐而产生的空白点，他们设想了各种生活场景，并运用到实际的商品展示中。在店内尽可能多地提供半成品或者成品，为顾客提供便利，节约顾客的时间。比如上海人喜欢喝罗宋汤，盒马鲜生准备了做汤所用的各种食材，比如红肠、土豆、卷心菜、胡萝卜、葱丝等，还有做汤专用的番茄沙司料包。食材全部洗好切好待用，顾客回家只需稍稍煮一下就能品尝到美味的罗宋汤。罗宋汤需要的食材多，如果单独采购可能要花一些力气，再回家加工，更是浪费时间。盒马鲜生可以让顾客不费力气就能喝到罗宋汤。

原来我们经常讲，超市要做顾客家中的后厨房，想顾客所想，这句话多停留在表面，并无实质性作为，而盒马鲜生却能真正践行这句话，切切实实地做到这一点，最终它提升了顾客的生活效率，与顾客关系也更为密切。

服务极致

零售的本质是商品与服务，服务作为基本要素之一，必然得到许多零售商的重视。尤其在传统零售时代，在商品大同化的环境里，服务更为重要，消费者在面临同样的购物环境时，谁的服务好谁的砝码就重一些，天秤自然向其倾斜。

在当下，消费者满足了服务的基础需求后，又对服务提出了新的要求。他们不再满足在卖场里增设供休息的凳子，也不再满足增加饮用水这种单纯的服务内容，消费者心中对服务有了极致化的要求。

他们未必能说出具体的服务样式，但如果零售商做到了，他们就会想，这就是我想要的。

胖东来的服务在业内一直与让人称道。胖东来设定了20字的让顾客满意方针，其中5个字就讲到了服务——"完善的服务"。看似是一句普通无新意的话，但真要把"完善"做到极致，却并不那么容易。

胖东来把对"完善"的理解细化成了细则，这不仅让工作人员有章可依，也让顾客知道如何评判胖东来的服务。管理者可按此监督员工是否按标准执行，顾客也可监督零售商是否按照承诺来实施。在胖东来有84项免费服务项目，有几项令人有些惊讶：比如免费给花换土——这个服务出乎意料，但是养过花的人都知道换土是一件麻烦事；比如雨天免费送顾客——这个服务也很贴心。

就算面对顾客投诉，胖东来也有自己的处理标准，这个标准的参照尺度是：如果责任模糊不清的，以胖东来承担为主；如果责任明确在胖东来的，就要毫不犹豫地承担的后果。

可见，服务不是一个空泛的主题，停留在空泛标准上的服务仅是一句口号。要想达到极致，就要订出细则，列出规范，这样才能让服务的极致标准落到实处。

胖东来的极致服务关注的是与顾客切身相关的生活，帮助顾客解决的是实实在在的问题。而新加坡航空公司关注的则是生活的另一面，它让顾客看到了更理想的生活，或有机会离理想的生活更近一些。

作为五星航空之一的新加坡航空公司在成立之初就按照国际上最高的标准来要求自己。这么多年以来，新加坡航空树立了高品质的品牌形象。在 2016 年的 Skytrax 全球最佳航空公司排名中，新加坡航空排名第三，还被评为全球最佳商务舱座椅。新加坡航空为树立高品质形象，在服务细节上都精益求精。新加坡航空是世界上第一个运行超大型客机 A380 的航空公司，机舱内配备豪华套房，由法国豪华游艇设计师设计，里面配备的毛毯、枕头、拖鞋、睡衣都是纪梵希品牌；2015 年开始，他们还向那些乘坐豪华经济舱的乘客提供香槟酒。

新加坡航空这些服务项目带给顾客的是超越直观感受的体验，让顾客体验到了极致服务的另一种形式。当然，这些要用不菲的票价来换取。

体验极致

当线上与线下的零售商纠缠不休时，体验一度成为线上与线下的分水岭。线下认为其独有的优势是带给消费者真实的感受，而线上也认为可依托线下让消费者感到更真实的存在。体验为何备受推崇？主要是其特殊的影响力，只有看到、摸到、品尝到、感受到的东西才能让消费者感知真实的存在，因此留下的印象才更为深刻，进而才能成为消费者在面临诸多选择时的重要依据。

其实，早有许多零售商将消费体验发掘到极致，让消费者备感贴心。要做到这样，需要零售商具备"同情心"，即同消费者休戚与共，尽量保持同样的情感感受；也需要零售商充分发挥想象力，把一些潜在的消费需求挖掘出来，让消费者满足的同时惊艳不已。

母婴童零售商孩子王一直致力于全渠道发展，为消费者打造全渠道的购物体验。孩子王的全渠道以实体店、线上微商城、移动端App为突破口，实现线上与线下联动。消费者在主流渠道都能找到孩子王的入口，消费者在渠道间相互转换也毫无压力。这种近乎无缝式的体验，其实需要零售商拿出更多的力气与精力致力于关系、场景、内容与数字化的发展。每种场景的设置与转换，以及内容与消费者的契合度，都需要零售商精准地把握消费者的脉搏。稍有偏离，就会让消费者产生距离感。

在孩子王总部，大数据和互联网技术开发人员占到半数以上，足见孩子王对数字化工作的重视，这颠覆了人们对传统零售商的数字化印象。大多数传统零售商致力于线下，数字化的进程或需要借助外力，或鲜有涉及。零售巨头沃尔玛在数字化进程中经历了克里斯坦森所说的"创新者的窘境"，稍显缓慢；现在他们正在所有门部和岗位上推行数字化，以更好地服务顾客，让沃尔玛变得更高效。

依靠自身的力量全力发展数字化，这让孩子王显得与其他传统零售商不同。现在孩子王实现了用户获取、分类、互动、增值和评估过程的全程数字化，相当于每位消费者背后都有一个工程师和顾问，可以精准把握每位消费者的消费习惯，这为消费者提供精准化的个性服务奠定了基础。

孩子王的线下店已达170多家。在店内，顾客可以通过App自助购物、结账，还能通过人客合一的工具实现消费者与员工的近距离沟通，这些都让消费者得到更贴心、更具体的体验。孩子王为了满足不同消费者的不同需求，还对线下实体店进行了分类。其中"玩购城"主要聚焦孩子的成长过程，用最大化的商品与服务项目满足孩子需要的衣、食、住、行、玩、教、学等；而"速购店"的目标顾客群是准妈妈和 0～14 岁儿童的母亲,为她们提供在孕产、育儿过程中的解决方案。如果母亲们无法亲临实体店,还能收到直购手册,或者到网上商城购物。

同为打造极致化的体验,宜家家居的体验则是另一种风貌。如果说孩子王把体验做成球体,消费者在球体的任何地方都能与商家互动沟通,宜家家居则将体验变成了一个大屏幕。通过屏幕宜家将设置好的场景展现出来,消费者只要站在屏幕前,就可以获得身临其境的感受。

宜家家居为了让消费者能充分理解日常的生活场景,在店内运用了大量的场景展示,它们像一个个分镜头,通过消费者的行动路线,用蒙太奇的手法连接起来,组成一个个生活片断。现在宜家已不满足于此,他们正想尽办法挖掘更深层次的消费者需求。日前,宜家派遣了一支设计师代表团前往美国航天局在犹他州的科研工作站,学习如何在一个像外太空世界一样极端冷漠的环境里生活。显然宜家对探寻外太空世界没有兴趣,他们只是想借此了解科学家和工程师如何在太空生活,从而开发出满足日常生活所需的产品,提供生活方案。"这次合作不是说宜家要去火星,但是我们对宇航员太空中的生活及其挑战和需求感到好奇,想要看看如何从另一个角度看待事情,并仔细思考可持续发展问题。"宜家创意部门负责人这样解释为何派人到美国航空站。他们将在 2019 年发售一套家居系列产品,针对当前城市规模不断扩大但住房空间缺乏这一状况,通过对家居环境的改善让消费者得到更充裕的空间。为了满足狭小空间的生活要求,他们研制了一款可挂在墙上的床头柜,这已超乎人们的想象。宜家就是这样通过对家具的设计利用,把空间利用到无所不能。

可以看出，要想为消费者提供极致体验，首先需要零售商有切身的体验或者创造条件去体验，这样才能找到与消费者需求相吻合的产品与场景。

确实如此，零售商需要经常从另一个角度看待问题，思考如何才能让消费者的体验达到极致，这将是可持续发展的一个重要方面。如果零售商的探索停滞不前，就无法让消费者体验到与时俱进的感受。

产品极致

好的商品会说话，商品在无形中传递着商家的经营理念、内在文化与价值观。消费者认同产品，相当于认同了零售商；反之却未必。由此，产品的重要性不言而喻。

要做到产品的极致，可发挥的余地非常多：用最大的耐心打磨一件商品，不断丰富它的内涵是极致；产品的品质、质量、品味保持一贯的水准，并长期不懈、乐此不疲是极致；时刻在意产品带给消费者的感受，吸收与改进这也是极致……在物质极度丰富的今天，不难找到把产品做到极致的生产商与零售商，但每家公司的产品极致方向与对极致的理解却各不相同。当然，如果想东施效颦非要跟在别人后面亦步亦趋，那被淘汰出局的风险将会大大增强。因为同一系列的产品，消费者肯定会更认同最先打动他们的那个品牌。

优衣库的产品受到众多消费者的喜爱，每季都会推出爆款商品，而且与许多爆款商品的昙花一现相比，优衣库的爆款商品更具生命力。1998年优衣库推出了摇粒绒面料的服装，因其对当时技术进行了改良，大大降低了面料的成本，所以售价仅为市场价的一半。到2000年，这款面料的产品已经卖给了近三分之一的日本人。现在在优衣库的货架上，仍能见到摇粒绒的服饰，并依然受欢迎。一款商品具有持久的生命力，表象是价格与设计，其背后则是利用先进技术手段对商品进行的持续改良，这给商品注入了前行的动力。一到冬天，优衣库的超轻羽绒服就会热销一段时间，这款羽绒服同样是利用技术创新进行改良的。优衣库不断用先进技术改良商品，难怪其CEO柳井正说，优衣库本质上是一家科技公司。

优衣库将产品的使用场景聚焦于消费者的日常生活，其款式以基本款为主，这一明确目标为优衣库产品的研发设计定下了统一方向。优衣库的产品面料舒适、价格适中，因此所面临的市场空间也更为广阔。一位消费者在社交平台上分享他在一个夏天收集的13款优衣库T恤，每款T恤上都印有艺术家创作的不同图案，有的款式特别喜欢还不舍得穿着。

但优衣库同样面临严峻的市场竞争。同类品牌不断蚕食市场，对优衣库造成潜在威胁。而它正在快速调整，拓宽经营范围，满足消费者个性化需求，提出了在3年内实现生产定制产品的目标，以后消费者可以在优衣库定制到喜欢的商品。定制产品对优衣库的设计与生产提出了更高的要求。

与消费者的需求赛跑，需要速度。谁的产品能更快地满足消费者日益变化的需求，谁就率先获得市场发言权。优衣库正在调整产品从设计到交货的周期，他们提出的目标是13天，这意味着一款产品的研发生产周期只有不到两周时间。如此短的周期，让快时尚的产品孵化期变得更短。

除了提高产品面世的速度外,优衣库还致力于丰富产品的文化内涵。2007 年起,它就尝试与设计师合作,推出合作款产品。与设计师的合作,使优衣库的产品形象更加多元,能满足不同消费者的需求。

优衣库每年都会举办 T 恤设计大赛,到 2017 年,已经举办了 12届。而且每届大赛都有一个主题,2017 年的主题是任天堂,公司共收到了 16000 多件来稿,达到了历史最高水平。设计大赛充分调动了消费者的参与性,每年大赛结束后,获选的设计都会紧接着投入生产,并在店内辟出专区售卖。这让大赛不只局限于纸面的文稿上,而是充分发挥了它的市场价值。对创作者而言,看到自己的作品问世并被其他人购买,将是一个极大的鼓励。

运营极致

可能有消费者发现,之前熟悉的小米之家已悄然转型,由负责售后维修的服务点,转身成为一家生活方式体验店。2016 年 2 月开始,小米开设了第一家线下店,到 2017 年 10 月已达到 200 多家。

小米之前一直专注于线上业务,但兜兜转转,小米发现线下仍是值得关注的焦点。线下可以让消费者近距离体验商品,也可以直接完成购买,这些都是线上无法实现的。

一家线上企业到线下拓展业务,是否也带入了互联网思维?小米之家的运营显然与传统实体店有所不同。首先体现在开店效率上,2016 年小米提出零售业务的战略规划为,打造有效率的零售连锁集团,并快速搭建零售组织架构,从开店速度到产品上新周期、单店坪效都围绕"效率"不断优化提升。由最初一到两个月开一家实体店，到现在的 28 天开一家实体店，强大的复制基因加快了小米之家的开店速度。现在它仍以每月新开 5～10 家实体店的速度扩张。未来小米之家的开店目标是达到 1000 家，从目前的开店速度看，这个目标应能很快实现。

其次是坪效。小米之家每家店的面积是 200 平方米上下，平均销售额在 7000 万元左右，坪效达到了 25 万元。而此前最好的实体零售店坪效才 1.2 万元，小米之家是其 20 倍，这是一个巨大的差值。坪效决定的是效益与利润，能在有限的面积创造出更大的价值，这是小米之家运营的胜利。

最后还有产品效率。小米之家利用生态链企业来补充 SKU，展示品类和产品更丰富，实现智能产品一站式的体验购买，大大提高顾客的到店消费频次。小米目前共经营二十几个品类，与其他公司不同的是，每个品类它只选取了一到两个单品深挖潜力。比如，有许多消费者在社交平台上分享的小米电饭煲，价格实惠，款式简洁，并有高冷的颜值，成为网友们厨房秀中露脸较多的产品。在小米之家，你绝对不会感到眼花缭乱，因为小米已经替你选好了产品，你需要考虑的只是，要不要把家里变成"小米之家"。

雷军认为，互联网本身最重要的是怎么改善效率，互联网是一种技术，更是一种思想。小米把互联网思维运用到线下，做出了电商的效率。

小米之家的费用率是 8％左右，而李宁公司在 2016 年上半年的费用率却达到了 43.3％。两者是两种零售方式的代表，李宁公司代表的是传统零售，而小米之家是互联网模式下的新思维经营，它用互联网思想重构线下业务,改善运营效率。雷军曾说,如果线下实体店的费用率达到 6.5%,就不会怕线上的冲击。按照这个标准,实体店还有很大的改进的空间。

小米之家根据所在区域不同也划分了不同的经营方式。小米之家采用自营模式,官方直营零售体验店在全国超过 200 家,主要集中在一二线城市、重点城市的商场、大型购物中心、商业街。而小米专卖店则采用联营和加盟的模式,目前在河北、河南、安徽等地区的二线城市共合作经营几十家店,主要向三四线城市倾斜,开在人流量比较大的市中心。线下专柜跟随苏宁云商、盛南数码、乐语通讯、迪信通、国美电器、中国移动等渠道发展。可见,小米之家为了提升运营效率,并没有对所有实体店的经营方式一刀切,而是根据城市级别不同,做了变通与改变。在不同的城市选择不同的经营方式,这有利于降低运营成本,集中优势资源。

供应链极致

如果把供应链比喻成一条传送带,那么简单来说,传送带的功能就是负责把商品从这一边运到另一边。传送带速度的快慢、质量的优劣、运量的大小、距离的远近都关乎另一边零售商的服务质量、商品价格和外在形象。这条"传送带"是零售商的重要竞争力之一。

宜家为了缩短传送的距离,获取更低的价格,在俄罗斯等国家包种了 10 万公顷的森林。从原始木材到制成一张咖啡桌,宜家全程参与其中。因为从源头掌控原材料,所以保证了商品的质量与低价。可见,宜家"传送带"的起点从森林就开始了。

国内新兴品牌名创优品采取的是另一种传送方式。从 2013 年开始的四年间，名创优品开了近 2000 家实体店，分布在六大洲的 30 多个国家。如此迅速地大量复制实体店，一是要有核心的产品，二是要有跟得上的物流配送系统，两者缺一不可。

名创优品的产品采用的是直采方式，他们在全国选了 800 多家供应商专门生产定制产品，其中不乏一些国际大牌生产商。精选出的供应商本身有良好的生产素养和生产规范，这就保证了名创优品的质量与品质。

名创优品一直坚持"低成本、低毛利、低价格"，这"三低"形成了一个微循环：想尽办法用低成本定制产品，保留合理利润后，最终以低价卖给消费者。消费者因为价格低被唤起更大的购买热情，产品因此扩大生产量，从而争取到更低的成本。

同样品质的商品，名创优品是如何取得低价的呢？还是要从供应链说起，名创优品采用买断制，商品直接从生产商运至实体店，舍去了传统零售的大量中间环节，缩短了供应链的距离，节省了大量中间环节的费用。

仅有这一点还不够。"买断制"意味着只要定制生产的产品，不管售出与否都由名创优品自行负责。为了免除生产商的后顾之忧，名创优品设立迅速结款制度，结款期限定为 15 天，从不拖欠货款。这让生产商免除了可能存在的麻烦，放心生产。名创优品在行业建立起良好的口碑后，吸引了优质生产商主动寻求合作。在这个良性循环里，循环的起点是名创优品。

从生产商直达零售商、定制数量大、买断不退货……其实名创优品的低价格并没有什么秘密可言，只不过坚持和实践了这几项基本商业原理，却让它获利颇丰。

买断制下，如果出现商品积压，将是一场大的灾难。但实体店的商品很少退回到总部，基本都能在实体店销售完毕。之所以能够自信地把商品全部在实体店消化，大概有以下原因：

一是商品与消费者的需求契合度较高，消费者热衷购买。

二是预估销量较准确，经过试探性生产和销售后，为预判库存打下基础。

三是名创优品的上新速度快，每隔 7 天就有新产品上市，时刻让消费者保持新鲜感。

四是高效的物流配送。名创优品实体店平均库存只有 2 天，有的实体店甚至没有外仓，完全依靠物流配送实现补货功能。名创优品的物流配送费用少，仅占商品出货额的 1.2% 左右，而传统零售商的配送费用占比要高出一倍多。

名创优品保持了良性的库存周转，目前库存周转天数为 21 天。良好的库存周转可以让供应链一直保持畅通。如果发生积压，就像传送带上堆满了障碍物，只能低速运转，甚至无法运转。

无印良品就曾经历过库存积压的麻烦，为了从库存的泥潭中走出来，忍痛处理了大量积压商品，才得以轻装上阵。李宁公司也被大量的积压库存拖到差点病入膏肓。不良库存可能会扼杀一家公司，而良性库存是一家公司保持机体健康的必要条件。

名创优品从创立公司起，就建立了明确的供应链目标，即从源头定制生产，找优质生产商合作，商品直达实体店，保证质优价低……这些都为它大规模开店打下了基础。

品类极致

品类极致在于，能寻到哪怕是一个细小分类的某个特征，并把这个特性发挥到最大，从而让消费者过目不忘，形成一定影响力，这就是品类极致的胜利。

一家小店只做水饺，水饺的馅料精挑细选，蔬菜只选最嫩的部分，做馅的肉是店主亲自与鲜肉专卖店的人说好，专买适合做馅的那部分，而且一定要当日宰割。调馅的料也不马虎，全是大公司的正宗品牌。更为独特的是，所有的馅都是手工切制，绝不用机器绞碎，从而最大限度地保证了食材的新鲜与口感。小店的水饺限量供应，如不预约根本吃不到。每次一看到店主敲打面盆说卖完了的时候，那份遗憾之情真是无法释怀。

把水饺这样普通大众的食物做到供不应求，还得限量供应，不得不叹服店主化腐朽为神奇的功力。

在日本，也有一家水果店把平常普通的水果卖出了令人惊叹的效果。1834 年，一位武士在千疋开了一家水果店，这家叫千疋屋（Sembikiya）的日本水果连锁店，至今有 180 多年历史。在快节奏的今天，处处以快取胜，而这家店却如蜗牛般慢慢前行，不急不躁，凭借独特的魅力吸引消费者，赢得了专属市场。180 多年来，这家店在日本共有 17 家实体店，这在今天看来多少有些不可思议。开店数量少，他们却并不担心市场被蚕食，因为他们售出的水果既好吃又好看，还没有店家能销售同等质量的水果。

千疋屋的水果究竟好到何种程度呢？有人把其比喻成珠宝，这并不为过，千疋屋的水果确实享受到了珠宝般尊贵的礼遇。

其他水果商大多从批发市场进货或从基地采购，但千疋屋不同。它有专属的特供农场，水果从种植开始，就获得特殊的照顾。根据特性不同，每种水果分别给予关照。如店里的招牌水果"夕张"蜜瓜，产自日照充足的静冈县。每棵瓜秧结的果子里，瓜农只保留最好的一只。这些保留下来的瓜果"集三千宠爱于一身"，夏天戴上防晒的小帽子，冬天有加热器保暖，受照顾的细心程度不亚于照顾一个婴孩，这些就足以让其他水果店望而却步。蜜瓜还实行挂牌管理，根据编号辨识，相当于每只水果都有了身份证。

当然这些水果价格不菲，被视为水果中的奢侈品。在 2016 年的一次拍卖中，来自北海道的两只甜瓜拍出 27240 美元。由此可看出，千疋屋出售的水果已不同于普通意义上的水果。

千疋屋从第二代传人开始，就有意识地进行错位经营，提升水果质量，提高水果价格，并很快占领了一部分市场。为了走差异化路线，店主特意把出售的水果打造成水果中的奢侈品，以明显的优势取胜。经过六代传人的努力，现在的千疋屋不仅攀上了质量高峰，还攀上了价格高峰。

现在日本的精英阶层都把千疋屋的水果当成礼品赠送。为配合馈赠，水果的包装也是极尽奢华，这些都成为别人无法模仿的最大特色。

把一个进入门槛并不高的品类，经过几代人的努力打造成一个具有高防护屏障的类别，这要得益于千疋屋明确的品类定位和品类目标。180 多年来，千疋屋的传人们一直围绕这个定位与目标经营水果店，并根据时代的发展不断充实新的理念，但始终不离根本。这让这家水果店与同行之间不断拉开距离,在高端水果市场上,攀上一个又一个高峰。

千疋屋的高端水果定位是种植理念、专业化程度与分工、服务水平综合作用的结果。如果仅去模仿水果的高价位而看不到核心与实质,那和东施效颦没什么分别。

极致化生存的 3 个绊脚石

极致化生存并不是一马平川的高速路,只要驶上就可以快速抵达目的地。极致化这条道路上,其实也充满了各种艰难险阻,稍不留神就会跌入深谷。极致化并不是仅仅把看到的或者认为对的做到一个更高更好的顶点,而是有策略地向更快、更高、更强发展。

可以看到,在极致化这条道路上有三个显而易见的绊脚石,如果踩到,可能跌得人仰马翻。

极致 ≠ 永无止境的低价

低价对消费者的吸引力,就像铁与磁石密不可分。但当消费者的眼中只有低价,并把低价视为重要的存在时,就会把零售商带入困境。

沃尔玛一直把低价视为追求目标,创始人山姆·沃尔顿为了打造低价印象,总是把商品以更低的价格卖给消费者。但如果认为沃尔玛的低价单纯以牺牲毛利为代价,那就大错特错了。沃尔顿在创业伊始,已经自觉或不自觉地把寻求更低价的商品视为己任。当时正流行呼啦圈，正规的呼啦圈价格不菲，沃尔顿就找人生产制造呼啦圈的软管，然后自己制作呼啦圈，这样才得以用更低的价格出售商品。他们卖掉了成吨成吨的呼啦圈，镇上的人几乎人手一个。这可看作零售商开发自有品牌的雏形。

沃尔玛以低价起步，以低价获取竞争优势，但低价的获取并不仅仅以减少利润为代价，沃尔玛从生产制造中获得了更多的话语权，也获得了更多的利润空间。

现在一个较肤浅的理解是，低价必须以牺牲利润为代价。其实，牺牲利润的低价毫无技术含量可言，就像饮鸩止渴，终将把自己推向一个万劫不复的深渊。对零售商来说，利润是企业发展与战略实施的一个必要条件，企业想要长远发展必须要保持利润。为了追求低价，把利润空间挤压到企业不能承受的地步，无异于杀鸡取卵。

残酷的现实是，只要有竞争对手存在，价格竞争就永远无法避免。原来的竞争只限于方圆几里的共同商圈，而现在的竞争早把地域差异化为乌有，形成了线上与线下连成一片的竞争矩阵。

消费者对低价的追逐，让零售商们不得不把低价视为一个独门利器，谁的价格更具优势，谁就可能争夺到更多的消费者。低价对零售商的诱惑是巨大的。但一个不得不面对的事实是，低价无止境。一家零售商可以低 0.1 元，另一家零售商同样可以再低 0.1 元，交互往返中，彼此压缩的是利润。当失去了利润，企业的生存就都成了问题，低价成了压倒骆驼的最后一根稻草。

不可否定的是，低价可以助力一家公司迅速占领市场，但这仅是一个门槛，企业需要快速建立起竞争优势。

共享单车此时势头正猛，这个领域热闹纷繁，一面是新的搅局者的加入，一面是熟面孔的离去。重庆一家成立不久的共享单车公司宣布倒闭，倒闭的原因有很多，其中之一是，前期已建立起优势的成熟共享单车品牌在迎接这个搅局者时，推出免费活动抗击这个新加入的竞争对手。成熟的品牌早建立起了市场优势，而新来者根本无法一直这样免费下去。竞争对峙结束，免费也就结束。

低价易模仿，也易引发恶性竞争。因为谁都可以把价格降低，这几乎没有什么技术含量，只要换一个价格标签，就可以出现一个更低的价格。但一味的降价，"通常是一个愚蠢的行为"。

你可能会提出质疑，因为毕竟有那么多的零售商建立起了价格优势，用低价迅速占领了市场，比如大润发、沃尔玛……但如果仔细研究就会发现，低价仅是这些零售商步入市场的一个砝码，他们很快通过低价建立起了结构性的优势，持续强化低价形象，才让他们通过价格建立了竞争优势。

大润发的定价策略非常成熟，就算同一品牌同一类型的商品，他们在对消费者研究后，在价格制定上也采用了不同的策略。在一次针对大润发的洗发水调研中发现，宝洁公司品牌的洗发水，400mL装的售价明显低于同行业，而700mL装的却要比同行业高。为什么同一品牌不同规格的商品定价策略会有如此大的差异？原因很简单，在于消费者的熟知度。400mL是消费者经常购买的一个规格，消费者对这个规格的价格较敏感，而对大包装的价格却记得并不那么清楚。大润发根据消费者的认知度不同，针对不同规格的商品机智地采用了不同的定价方式。消费者能记住的商品价格只有这么多，大润发巧妙地运用了这一点。可见，大润发的低价也只是消费者印象中的"低价"。

极致 ≠ 满足所有消费者的需求

德鲁克说，企业的宗旨和使命是创造顾客和满足顾客的需求。零售商的目标同样如此，要以满足消费者的需求为己任。但这里暗含一个陷阱，许多人误把消费者当成所有的消费者，认为只要最大化地满足所有消费者的需求就可以获得更高的市场份额。

但事实是，零售商如站在圆心的人，圆心的四周全是消费者，因此不管零售商怎样转换身姿，他总得把背面朝向一部分人。即便他尽了全力，仍无法面对所有的消费者，这是一个不争的事实。世界上没有一家零售商能够满足所有消费者的需求，这是一个无解的命题。

零售商在试图做到"大而全"、取得所有人青睐的时候，其实丢失的正是自身的特色、个性和目标消费者。

抛弃"所有"这个范畴，选择"目标"这个定语，从另一个层面说，就是要懂得适时地放弃，做好取舍。只有懂得取与舍的零售商，才会主动寻找目标消费者。

随着市场细分越来越专业化，目标消费者的需求也呈多元化趋势，而且更新速度日新月异，这对零售商也提出了更高的要求。

试图满足所有人的需求，就意味着没有找准脉搏，无法与消费者的需求相契合。

近年来大卖场和百货店日渐式微，其略显陈旧的经营方式，很难赢得消费者的喜爱。在没落面前，两种业态表现出了惊人的相似：

这两种业态都在"贪大求全"，因而失去了个性化特色。大卖场提倡"一站式"服务，试图让消费者在这里买齐基本日常生活所需。

其实大而全的模式最易被模仿,因此各个大卖场里的商品存在严重雷同,曾一度被诟病。渐渐地,这种大而全的业态对消费者就失去了吸引力。消费者对购物时间、便利程度和商品的功能化提出了更高的要求,但大卖场显然没有做好准备,还停留在"一站式"的旧梦里。

百货店的没落与大卖场如出一辙。百货店主要是为消费者提供一个购物场所。随着购物中心的崛起,消费者的娱乐、休闲的需求被挖掘出来,这让消费者享受到了购物之外的乐趣。但百货店却仅仅致力于满足消费者的购物需求,力图把商品经营做到最多最全,却未顾及消费者的其他感受,这让百货店与消费者需求之间有了一道不可跨越的鸿沟。

试图满足所有人的需求,其实就意味着根本没有摸准消费者的需求是什么。

要满足所有消费者的需求,可能是因为零售商无法找到与之相匹配的目标消费者的需求,只得用试图满足所有消费者来命中目标消费者的需求。但这个方式就像大海捞针,消费者这么多,需求更多,怎么可能一下子就满足得了呢?

当把极致的路径调整到要满足所有消费者需求时,极致就变成了不可能完成的任务,不可能完成的任务也就意味着此路不通。

极致 ≠ 全品类获胜

可能每个零售商都有一个梦想,希望能给消费者提供尽可能多的品类,希望每个类别都深受消费者喜欢,从而获得行业或区域行业的领军地位。当然,这只是梦想。虽然许多零售商尽力做好全品类管理,但现实是他们并不可能让每个品类都势均力敌。就内部管理精力来说,他们也无法做到在每个品类上平均发力。

而做得好的零售商大都以一个品类为切入点,并把它培养成优势品类,然后逐步扩至其他品类。

宜家家居围绕消费者的家居生活场景,确定了家居类产品作为首选品类。但近年除了家居类商品外,宜家也在尝试经营食品。食品虽然与家居类产品属于完全不同的类别,但它在经营策略上仍采用了较一致的理念:重品质,低价格。显然,食品没有成为宜家家居的经营重点,不管在陈列位置还是商品品项上,都要弱于家居类商品。宜家家居,如同它的品牌名字一样,仍是一家以家居产品为经营重点的零售商。

无印良品的经营类别要丰富得多,从家居用品到服饰类商品,再到文具、化妆品、食品等,经营范围横跨了多个类别。但无印良品仍然没有把全品类经营作为目标,它的商品开发也有一定的限度与范围,诸如大家电、生鲜等,无印良品并未涉及。对于已开发的这些类别商品,无印良品也并不是用尽全力把每个类别都做得深且精,而是根据消费者的需求有选择地开发。开发的深浅度不一,有的只有一两款商品,有的却做到细致化的分类。像清扫系列,就涵盖了家居清扫的方方面面。

盒马鲜生、生鲜传奇这类小且精、近似专业化的店铺,都可以从店铺名字判定其经营的主要类别。后期随着经营的发展,这类店铺会拓宽经营范围。但只有做到主次分明,才能更加突出经营特色。失去特色,就如河水入海,让人无法分辨。

全品类经营不光让零售商有可能失去经营定位与特色,还可能给自身带来困扰。全品类经营，意味着要降低坪效，因为总有品类不那么出色，抢占了优势品类的陈列面积；还意味着为了备足货源必须增加库存储备……零售商要实现全品类经营，就要付出更多的资金、人员、陈列资源，况且这样的投入未必与结果成正比。

全品类经营不光让零售商麻烦不断，还让消费者无所适从。消费者可以买到商品，但可能买不到中意的商品，因为受店铺面积、资金、人员等限制，零售商无法深入地把每个品类都做到最好。点到为止的经营状态，与消费者的期待有不小的距离。

那电商是不是全品类经营的典范呢？电商一直是长尾理论的践行者，在互联网上提供海量的商品信息，为消费者提供多样化的商品选择。海量的商品是电商特殊的经营方式决定的，即由淘宝或天猫提供一个平台，商家通过这个平台把商品展示给消费者。有人把这个平台形象地比喻成"在线房地产商"，数以万计的店铺在平台上出售商品，这让淘宝和天猫的商品类别极其丰富。淘宝和天猫的全品类经营，实际上是众多店铺共同努力的结果。而京东等平台以自营为主，也仅是选取了一部分品类作为突破口，并没有把全部品类纳入自营的范畴。而且京东为了减轻库存压力，还采取了其他运作方式。日前我在京东购书，下订单后显示一本书需要单独专门采购，虽然这本书的购买页面显示有库存，但它并没有真正在京东的仓库里。采用这样的方式，京东降低了存货风险。为了与自营品类相互补充，京东同时采用了第三方商户经营方式，从而丰富了商品类别。

可见，电商的全品类经营根本不是由一家零售商独立完成的，而是多家共同努力实现的结果。

消费主权时代的到来，极致化＝做得更好

一夜之间，新生事物层出不穷，零售商切实地感受到了眼前的变化。

先让我们看一位普通消费者的周末活动。小Ａ是我的朋友，我们先给她画个像：80后，已婚，有个8岁的儿子，职业女性，收入尚可，对物品的选择有自己的认知。

周日，他们一家三口先到了一家书店。这是城内最大的书店，刚刚建成，有足够的停车位可供使用——这是他们选择来这里的原因之一。儿子在童书区看书，他们夫妻两人各自寻找自己喜欢的书。儿子渴了，小Ａ就来到茶水区，点了饮料与咖啡，并用支付宝扫码支付。书可以带到茶水区去看，儿子一会儿就选了一摞童书。小Ａ记下了自己选中的书的书名，又把丈夫和儿子选中的书拿到收银台付款。丈夫不喜欢等待，他希望看中的能立即带走；对孩子来说，书籍也是越早得到越好，所以他们选的书都立即购买了。而小Ａ则有自己不买的理由，她需要到网店上搜寻该作者的所有书籍，然后到社交网站看评论，再有选择地买入。

出了书店，他们在网上订了电影票，选了座，接着直奔影院。看完电影，小Ａ顺便在豆瓣上给电影打了分，写了简单的评论。在她评论的空档，丈夫登上大众点评网，选了就近的一家餐馆，点了几个评价较高的菜。

吃了饭，他们就去了一家购物中心。小Ａ选中了一件衣服，服务人员告诉她，她扫码加入会员后可到微店选购，并可享受一定的折

扣。小 A 顺利在微店下单购买。

回到家后小 A 发现有线电视到期了，小 A 搜到了有线电视的网店，顺利交费。此时儿子正在抱着 iPad 与同学沟通作业，丈夫正在喝着小 A 海淘回来的茶饮。

这是普通消费者的日常一天。他们的生活在新的消费方式的带动下，发生了天翻地覆的变化。他们自由地在各个场景间转换，在线上线下来回转换毫无压力。

消费的旧貌换新颜

消费者正在悄然发生变化，他们自觉或不自觉地改变着自己，投入新鲜有趣的新生事物中。变化在不知不觉中发生，零售商越敏感，越会发现今天的消费者与往日早已不可同日而语。

消费行为的互联化

消费者传统的决策过程是：刺激—发现问题—信息收集—备选方案的评估—购买及购后行为。而现在，消费者参与决策的每个环节，互联网或多或少地起到了辅助作用。

第一，刺激。消费者可能自身有某种需求，也有可能是受到朋友的启发，或是看到微博、微信等社交平台的信息，进而产生了购买某种商品的欲望。比如装修房子时，人们经常登录"好好住"这个 App，上面有许多住友分享图片，展示各种家装物品。一旦看到中意的物品图片，人们就会向展示的人索要物品的购买链接。这就是由于外界的刺激引发了消费者的购买需求。之前人们可能并没有这方面的需求，但看到别人的分享后，瞬间发现与自己达成了某种共识，于是引发了购买欲望。

第二，发现问题。外界刺激引发了人们内心深处的需求，近而感叹"我也需要"。现在刺激渠道变多，人们会接二连三地产生"需求感"。以前，消费者只有步入实体店内，才可能购买原来没有计划采购的商品，而现在这种情况随时随地可能发生。

第三，信息收集。在确定自己需要购买一件商品后，许多消费者并不是立即下单，而是多方收集信息。在网络购物时，对放在淘宝收藏夹里的商品点击"相似"这个按键，就会出现同类型的商品。网络为消费者收集信息带来便利。而在实体店，消费者要比较商品，要么选择的范围小，要么对比起来有难度。此时，零售商只有尽可能多地提供信息，为消费者决策提供参考依据，以此来减少消费者的感知风险。

第四，备选方案的评估。在确定购买一种商品后，消费者仍有多种选择，比如消费者准备买一双皮鞋，她面临低跟、高跟，宽头、窄头，牛皮、羊皮的选择；在选定基本款式后，她又面临品牌和价格的选择；只有综合权衡之后，才可能在诸多备选方案中选定理想的商品。随着网络社交的深入，消费者还把其他购买人的使用感受作为选择方案的重要依据。有消费者坦言，商品评价是他们决定购买商品的重要因素之一。

第五，购买及购后行为。在传统零售时代，购买完成预示着决策过程的基本结束，就算分享，也仅限于周边的人，分享人群有限，效果也有限。但在网络时代，不管是零售商还是消费者，都极为重视购后行为，将它作为一个重要的信息反馈和发散渠道。零售商鼓励消费者分享购物心得，消费者也有分享的欲望，于是两者达成了默契。传统零售商希望消费者在朋友之间分享购物感受，以此广而告之。网络购物更是如此，完成商品交易后，系统都会提示购买者评价商品，因为真实的使用评价能与更多消费者建立共识，从而促进商品的销售。

可以看出，消费者在决策过程中的每个环节都加入了与以往不同的思考方式。他们借助于先进的手段，让自己的决策变得更顺畅。

购物价值观的改变

顾客购买商品，在做决定的一刹那，可能有多种理由涌上心头，那一刻也一定经过了快速而复杂的心理过程。但最终肯定有一种理由占了上风，顺利地让消费者做出决定。对同一零售商、同一商品，不同的顾客会产生不同的选择。产生差异的根本原因在于顾客的价值取向不同。综合资料，我们可简单地把顾客分为以下类型：

节约型顾客。这类顾客对价格极为敏感，哪里有低价，哪里就是他们购物的选择。他们在零售商之间犹疑，对零售商的忠诚度也最低。

品质型顾客。他们对品牌和服务有自己的要求，如果商品与服务无法满足他们，就算价格再低，也无法吸引到他们。品质成为他们购物的首选。

个性型顾客。他们有个性化的需求，比如他们为了喝一杯上好的咖啡，宁愿去离家较远、价格稍高的零售商那里。同时他们享有各种专项服务，与店员熟识，可以优先得到新品或新服务推荐。

便利优先型顾客。便利是他们购物的首选，比如离家近、购物程序简洁、有限的选择等。他们对价格不是这么在意，也能接受稍高的价格，但必须方便快捷。

　　每位顾客的购物价值观也并非一成不变,而是会随着自身发展及社会整体价值观的改变而不断变化。

　　一是社会觉悟的提高。现在许多零售商有意识地树立正面健康的社会形象,并承担更多的社会责任。在盛夏,有的零售商辟出专门的地方供环卫工人休息,还有的带头捐助,帮扶弱势群体。消费者无疑会对这样的零售商投去敬意,希望看到零售商承担更多的社会责任,而消费者也愿意积极协助零售商承担这样的责任。乐购杭州分店就发起过保护环境的活动,员工和志愿者一起捡拾垃圾,通过自己的努力让杭州变得更美丽。好的零售品牌形象也会带给消费者安全感,促进消费者购买。

　　提及社会觉悟以及企业社会价值观的树立,三只松鼠在 2017 年年初开了一个好头。"泛品质化"是 2017 年年初三只松鼠 CEO 章燎原在宣布砸掉发生装修问题的苏州店、停开南通店后提出的一个概念。对于"泛品质化",章燎原是这样理解的:"任何一个物品都要强调它的品质,因为你是一个 IP(Internet Protocol)[①],顾客走到你的店里,接触到的任何一件产品、一个细节,都是对你产品本身的认知。简言之,'泛品质'就是包括包装物的品质、实体店装修的品质,哪怕是办公室装修的品质、绿化的品质、一张海报或一件宣传物品的品质,甚至一张 PPT 的品质,都要从形式上提升,通过提升这些细枝末节的品质,才能最终改善松鼠人对品质的认知观。一切到'泛'上来,

---

① 原意是"网络之间互连的协议"。在网络的世界里,为了辨识每一台计算机的位置,而有了计算机 IP 地址的定义。在现实生活中也可以把 IP 理解为一个门牌。

这是我们在'二五'①的第一年当中首先要向大家传递的,任何一个环节、细节,只能进步不能退步,这是我们对品质的追求,因为要横跨多个产业,能不能成功不在于流量,而在于内容,内容就是由持续的细节构建的好品质。"②

在这里,"泛"不是一个贬义的词语,更多的是强调社会价值观对企业形象塑造的体现,所以章燎原义无反顾地重现了海尔当年"砸冰箱"的壮举。

二是社会文化的影响。互联网让信息传播的速度加快,人们了解世界的窗口变得更大。现在许多消费者都具备了精深的专业知识,对产品的了解程度甚至超过专业的买手。比如,现在运动风潮兴起,带动了运动装备热卖,资深运动者已不能满足于基础款装备,他们对产品的熟知程度已到了专业级别,希望能拥有更专业的用品。这对零售商提出了更高的要求,如何为消费者找到专业用品,并且能为消费者提供专业化的建议至关重要。

三是随着中产阶级增加,更多人的关注点从价格敏感型转向重体验服务型。消费者不再盲目地以价论质,而是正逐步回归到价值的轨道,更愿意用价值来判定价格是否合理合适。零售商出售的商品要符合消费者的价值预期,偏离价值的话最终会被消费者厌弃。2017年"6·18"年中庆活动,天猫的营销策略是"理想生活节",即把消费者对品质生活的向往作为营销的切入点,来引导消费者。据一项统计数据显示,消费者对这个活动的认知度达到了54%,喜爱程度

---

① 指三只松鼠已经迎来了第二个五年。

② 三只松鼠创始人为何开年自砸苏州店面?.搜狐·科技门 mp,2017-02-16.

达到了 83.4％。①之所以取得良好的活动预期，与消费者消费价值观的变化有很大关系。

四是崇尚简约，强调简约就是效率。随着社会运转速度的加快，人们正在远离繁复和烦琐，希望能建立简单和简约的规则，让事情变得一目了然。零售的规则同样如此，都在试图用简单的方式让消费者更容易接受。在各项零售新技术的推广过程中，那些好用简单的程序，传播速度更快。那些试图考验消费者智商，想用高深面目示人的技术，大都被消费者抛弃了。据微信的一项统计数据显示，在朋友圈发布图片和视频，比发布文章链接更受欢迎。因为图片和视频的表达方式更加简单直接，让人一目了然。这也从另一个方面说明，现在的人更喜欢看一些简单的推送，而不喜欢复杂的内容。

五是消费理念的变化，对于购物需求，消费者从"需要"向"想要"发展。新生代年轻消费者，代表更自由、更成熟的消费群体，因此也越发挑剔。"需要"是指用户会通过关键词搜索找到需要的答案，能提供答案的平台成为用户入口。"想要"行为体现为在用户表达需要之前，基于 KOL（关键意见领袖）或大数据的推荐机制发现并推荐商品，用户行为从搜索转移到去中心、内容、社群化的碎片化场景，数据替代信息成为驱动力。

消费者的购物心声不再"曲高和寡"，新兴消费者想到什么需求，大喊一声，自然会有商家投其所好。

时间观念的变化

对于时间观念，消费者的变化主要体现在两个方面：

---

① 微博狂欢，助力天猫成 618 最大赢家.艾瑞网，2017-07-05.

一是购买时间的自由任意。消费者的消费需求一旦萌生,就可能念念不忘。消费者可能愿意约定一个时间到实体店购买,但也可能是随手放入电商平台的收藏夹,在某个突然想起的深夜爬起来下单购买。《2016年中国消费者网络消费洞察报告》就发现了这样一个有趣的现象——32.5%的消费者在睡觉前下单。这么多的"晚购族"让人出乎意料。大家忙碌了一天,似乎唯有购买才能慰藉疲惫的心灵。

在淘宝的12大消费群中,最大的消费群体是"夜淘族",他们半夜起床,在0~5点下单。移动网络的发展加剧了消费者购物时间的碎片化,购物时间从定期到随时,大量的消费者利用每天的碎片时间购物。

购物不再局限于某个时间段,只要冒出购买的念头,就能随时满足需求,这在过去几乎无法想象。因为实体店营业时间的限制,消费者不可能任意地、随时随地地满足购物的欲望,然而在互联网的带动下,购买的约束性越来越小。

零售商提供越来越多的可能,满足消费者即时而起的想法。而消费者因为时间不再受限制而更加任意地购买。

二是对时间的珍视。随着生活节奏的加快,人们越来越愿意用金钱换取时间。比如家务的外包、外卖食品的盛行,这些便利手段都是为了让消费者拥有更多的自由支配的时间。欧睿信息咨询公司的一份关于2016年全球消费趋势的研究报告显示,截至2015年年底,1/3的英国消费者会选择即食商品,以节约花在厨房里的时间和精力。而另一项调查显示,18~35岁的中国人群中,有58%的人认为一个人生活的奢侈程度,取决于享受自由时间的多少。① 拥有更多的自由支配的时间,是每个人的梦想。

一部分消费者愿意用金钱换取时间,因此,能为消费者提供便利、解放消费者双手的零售商,会得到更多的拥趸。

信息的传达流转

在传统零售时代,对零售商来说,最重要的就是店址。实体店的位置在某种程度上决定了店铺的客流和消费能力。到新零售时代,店铺形式不拘一格,实体与虚拟并存,这让情况发生了逆转。对零售商来说,现在重要的是信息、信息,还是信息。信息决定了企业的发展与未来。谁拥有更多、更全面的信息,谁做出的决策可能就更正确。信息成为焦点。

消费者信息的抢夺

因为掌握了大量的消费者信息,线上零售商能轻易统计出消费者的购买特性、购买习惯、购买金额,甚至消费者的年龄、性别、职业都可以摸得一清二楚。单个的、独立的信息并无太多作用,但相互关联的大量信息将对零售商的决策起到更精确的推算作用。实体零售商受制于信息系统和统计工具的限制,未能掌握精确大量的消费者信息,他们对消费者的揣摩大多靠经验与直觉。在信息的争夺面前,线下企业明显处于下风。这是先天基因造成的,线上企业的发端就始于信息的收集,而线下企业则没有主动收集信息的意识。

① 2016 年全球消费者十大最新趋势,单身贵族成为主力.联商网,2016-09-14.

但线下企业自带优势，这个优势来自于线下企业与消费者面对面的密切接触，他们可以直观地感受到消费者的变化，从中找到有用的信息。因此实体店要注意收集顾客面对面购物的信息，并记录，研究，落实。信息从产生到落地，每一个环节都要严阵以待，才能让有限的信息发挥更大的作用。实体店最早的原始信息收集工具就是一个小本子——"顾客登记簿"，顾客在里面记录下意见、建议，登记缺货的商品，这是一个简单的了解顾客的窗口。

在信息时代，这个窗口变得无限大。如果说小本子是管中窥豹，那么当下的商家就是身置豹群，可对海量信息进行抓取，筛选，集合，分析。工具的进步是毋庸置疑的，但背后是思维方式的进步在推动消费者信息的全面升级。

如果说线上零售商是通过机器感知消费者的，那么线下企业则是通过体温感知消费者的。实体店离消费者更近，这是它独具的优势。因此，在与消费者密切接触的过程中，实体店应有一颗"敏感"的心，学会感知消费者的微小变化，包括微弱的情绪变化，同时还要把这些收集起来，经过处理之后变成"有用"的信息，来指导经营与管理。

信息系统的升级

市场瞬息万变，实体店面临的首要问题是系统的升级。在系统建立之初，许多实体店只要满足消费者的基本要求就好。就像对食物的最初需求，仅解决了消费者的温饱。但随着对食物多样化要求和对食物的精细化要求的提高，温饱已不能成为根本需求，现在要做的是满足味蕾多样化的需求。因此，许多实体店都要面临系统的升级换代。在升级换代面前，每家企业的立足点是不同的，解决问题的方法也不一样，但有一样却是共同的目标——系统升级应首先考虑消费者维度。

系统升级应围绕消费者进行，而不是简单地满足管理需求。在消费者信息获取方面，实体店因系统不完善明显处于弱势地位，使多数信息消逝，并没有发挥实际作用。

问一个简单的问题："你的顾客是谁？"许多实体店并不能给出准确的答案，这主要缘于系统的落后，没有对消费者的信息进行采集和规划。消费者是谁呢？可能是附近小区的人，可能是周边写字楼的人，可能是游客，还可能是路过的人，众多的"可能"也只是猜测。系统升级可帮助实体店"看清"消费者。

许多实体店在进行线上的探索，对消费者来说，只要是同一品牌的零售商，都是一体的，不管是线上与线下，只是渠道不同和售卖场所不同。对消费者来说，在哪里购物都应享有同样的待遇与服务。比如会员的积分，消费者只拥有一张会员卡，所有渠道的购物都记在同一张卡上，而且积分的优惠也应是一样的。这个诉求的背后其实是对系统的要求，这就要求零售商打通线上与线下会员渠道，将两者合为一体。合为一体的信息系统同时要实现差异化的营销与推送。就算同一品牌的零售商，渠道不同，顾客群仍有差异，有重叠更有分别。因此，零售商面对不同的渠道，所采取的信息策略也应不同。

智能化管理的需要

信息是零售业智能化管理与运作的必备条件，信息的采集是智能化管理的先决条件，如果没有信息做支撑，零售商的智能化管理就如空中楼阁，根本无法实行。实体店如何采集到顾客的信息，如何对顾客的消费行为做进一步的洞悉，是许多实体店关心的问题。除了利用 POS 机上顾客的交易数据,如购买量、购买金额、购买频率等进行分类与采集外,现在实体零售商又多了一条跟踪顾客信息的途径。

西单大悦城做了有益的尝试。它在实体店全面覆盖设置了 300 多个 Wi-Fi 热点(含客流探针)。设置如此多的热点,一是为了满足消费者的上网需求,二是可以利用顾客登录热点的机会,采集信息和监测消费轨迹。在热点的覆盖下,消费者在店内的各项信息一览无余。同时,西单大悦城还装配了近 2600 个 iBeacon 设备。通过这两项技术,商场捕捉到了 3000 万人次以上的消费者购物行为,形成了近 2.2 亿条数据信息。[①] 这些数据为西单大悦城的决策提供了量化依据。它每年对商户进行 20%~30% 的调整,主要依据就是这些采集到的数据。

在智能化的道路上,实体零售商要走的路还很长。从 AR(增强现实技术)、VR(虚拟现实技术)到各种无人系统,现在每天都有新技术诞生,每天都有新的信息出现。在信息化的道路上,实体零售商不能再当一个看客,应该快速地跟上时代的步伐,与时俱进,更重要的是参与到这场信息化的浪潮中,获得长足的进步。

消费者获取信息的渠道多元化

现在消费者对商家的了解不再仅限于 DM(directmail advertising)[②]、亲身感受等较单一的渠道,而是可以随时随地了解信息。各种社交

---

① 客流抢夺战赢家:西单大悦城的 O2O 智慧运营体系. 联商网,2015-06-02.
② 可译为"直接邮寄广告",就是通过邮寄、赠送等其他形式,将宣传品送到消费者手中。也可以表述为 direct magazine advertising,译为"直投杂志广告"。DM 除了用邮寄方式以外,还可以借助于其他媒介来传递,如杂志、电视、电话、专人送达、随商品包装发出等。

平台、商家的线上店铺,都是消费者了解商家的渠道。

移动端口是推动消费者需求多元化的功臣。智能手机的普及对移动端的发展起到了推波助澜的作用。据工信部 2015 年的数据显示,中国每百人拥有 95.5 部手机。现在只要放眼望去,到处都是低头看手机的人,这成了一道特殊的风景线。人与手机"亲密无间",说不清是人在使用手机,还是手机统治了人们的碎片时间。

智能手机改变了生活,也改变了消费方式。传统零售模式下,实体店固守一方,消费者主动寻找实体店满足购物需求,行动路线单一且明确。而当下,消费者使用移动端,在任何时间和地点都能链接到一家店铺,消费者成为购物的中心和主导者。消费者决定了购物途径和渠道,店铺随着消费者的移动而移动。

《2016 移动社交电商用户消费行为报告》显示,移动社交电商用户流量的 63.1% 来自朋友圈分享,23.79% 来自群聊,单独聊天则占比 12.71%。可见,移动社交电商的流量获取主要来自于社交平台,它也成为消费者的重要信息渠道。《2016 年中国消费者网络消费洞察报告》显示,48.2% 的网购消费者通过微信、微博等社交平台了解天猫,45.3% 的消费者通过社交平台了解淘宝,而唯品会、1 号店同样是通过社交平台让大多数消费者知悉的。社交平台成为信息发布的重要渠道。

零售商也要投入精力管理社交平台,建立可信、可读、有趣的分享途径,通过社交平台及时向消费者传递信息。传统零售商其实在这方面并无太多的建树,他们更依赖于传统的宣传渠道,爱用海报向消费者传达促销信息,或用店内告示向消费者发布信息。对于如何吸引陌生的消费者到店,或者主动用信息吸引消费者到店,他们在这方面似乎并无太多心得，但消费者显然已经不能满足于这种传统的宣传方式。

当前，手拿宣传海报前来实体店购物的顾客越来越少，愿意接受海报的人也越来越少。随着电子设备的普及，人们更喜欢用它查看信息，纸质版的海报渐渐成为鸡肋。但也有一部分老年顾客愿意查看宣传海报，他们对电子设备不精通，更愿意用这种传统的方式获取信息。因此，实体店在选择信息发布渠道时，首先要考虑顾客的需求。顾客在哪个渠道集中，就应把哪个渠道作为发布的重点。零售商还应拓展新的信息发布渠道，以吸引潜在的消费者到店。因此除了继续保持传统信息渠道的优势外，零售商还应开发和建立社交媒体的信息渠道，吸引年轻消费者到店。

渠道的四通八达

在新零售时代，零售发展不再是直线式的，而是一个从中心向四周扩展的、呈发散式发展的渠道模式。零售商位于中心，围绕中心画一个圆圈，零售商随时可以探出一条手臂，抵达圆圈边沿，建立一条新的渠道。渠道由线条式改为发散式发展，变化的是发展路径，不变的依然是以零售商为起点。

提升消费者的体验

线上与线下之争由来已久，线下的优势在于能够让消费者亲身体验，充分调动味觉、嗅觉、触觉、视觉等各种感观系统，得到亲身感受；而线上的优势主要来自于购物的过程。

零售商的渠道创新以提升消费者的体验为目的，基于渠道的优势为消费者创造更多的体验机会。上海的耐克旗舰店充分利用了线下与线上的优势,真正实现了互通。消费者可以在店内的跑步机上运动,并登录自己的 Nike App 记录数据。运动结束后,软件分析数据,店铺再向消费者推荐合适的跑鞋。借助于多渠道,消费者全程体验到了运动的乐趣,并得到了专业化的指导,这是单一渠道无法实现的。多个渠道交融互通,消费者才能获得美妙的体验。

百联集团成立了创新体验中心,在这里充分利用渠道的优势,用全渠道的视角诠释了未来零售的发展方向。比如,消费者进入购物中心并登录会员系统后,后台会根据消费者的消费记录向他推荐一个专属的购物路线。这条路线集合休闲、娱乐、购物为一体,目的是让消费者在实体店逗留时间更长。高附加值的商品,如珠宝、高端香水类,则用橱窗展示。消费者扫码后将出现详细的商品信息及动态评价,消费者能在线上线下随意购买。这个体验中心实现了多渠道、多场景的购物休闲之旅。渠道不断更新与发展,就是为了让 24 小时在线的消费者随时找到零售商,随时得到响应。

模式的颠覆创新

零售模式的发展从原来的中规中矩到现在的多姿多彩,期间经历了许多变革。有主动变革,为了适应行业的发展,主动与消费者的需求相契合;也有被动变革,在时代的洪流中,被浪潮推动着前行。如果不进行模式的创新发展,零售商就有可能搁浅在沙滩上。

不拘一格的业态组合

原来,零售商业态用"不逾矩"来表达最为恰当,购物中心、百货店、超市、便利店，这几种主要业态划分得清晰明确，零售商也大多在各自的业态内耕耘。但随着消费者需求的增多，单一业态组合似乎已显单调。

事实是否如此呢？我亲身观察了一家百货店。这家百货店单店的体量庞大，5年前在本地拥有较高的地位。虽然定位高端，但年轻时尚的消费者仍是不断。但近两年，情况发生了重大转变。这家百货店的年轻客群锐减，主要人群变为消费观念较为传统的中年人士。年轻客群去了哪里？原来，周边新开了几家购物中心，集中了多种娱乐休闲项目，一到里面就感到青春的气息扑面而来，年轻客群显然去了那里。

这家百货店是行业问题的缩影：业态升级较慢，没有跟上消费者的需求节奏，让一部分消费者转移了消费场所。顾客流失，这是最为可怕的结果。

业态升级更新，是当前零售商积极探索的方向，各种之前闻所未闻的业态组合让人眼前一亮。当前在业内被热议的盒马鲜生，餐饮项目占到了50％以上，由五星级大厨现场加工，"天猫超市"也在这里落地生根，由线上辟出线下阵地。这些组合与变化让人眼花缭乱。

现在的购物中心像一个万花筒，各种能想到的或想不到的事物都组合到里面。这只万花筒每一次旋转，都会带给人们新鲜的感受。比如，购物中心里有水族馆、书画展厅、动漫厅、生活馆、书吧……各种耳目一新的组合，丰富了消费者的生活。台湾著名导演赖声川将首家驻场剧院选在了上海的美罗城，这是国内首家集剧场、书院、影院等各种文化业态组合于一体的购物娱乐中心。在购物中心里开剧场,这是过去想都没想过的事。

除了业态的升级换代,业态与业态之间的界线也变得越来越模糊,共享成为一种新的业态组合理念。每个业态不再局限于最初的定义,而是拓展外延,除了保持基本核心内容,还加入更多的外来元素,这丰富了业态形式。超市、百货店这些传统的零售业态在更新过程中,除了保持本色外,还需要加入与消费者需求契合的类别。业态组合让零售模式焕然一新,也给零售模式带来了新的生命力。

不设防的技术推动

技术成为零售模式发展的重要推手。如果没有技术的带动与推进,零售模式不可能有如此的翻天巨变。

零售行业这些变化令消费者新奇的同时,也让购物体验得到了进一步提升。模拟试衣、场景虚实结合、自助收银……这些原来不可想象的事情,此时都在真实地发生着,消费者感受到了新技术带来的美好体验。技术也帮助零售商完善服务。商家只要在衣服上贴一张成本只有几分钱的射频编码 RFCode,衣服的挑选次数、进入试衣间的次数、售卖的次数等这些实时数据,就会传输到后台。商家可以根据获取的数据调整商品陈列,优化库存,还能给顾客提供精准化的参考搭配。

技术促进了线上与线下的融合,实现了资源共享、信息共享,提升了运营效率,这些都为零售商探索新的商业模式打下了基础。

在技术的背书下,许多不可能的合作与融合变成可能,这为零售模式的发展找到了新路径。谁掌握了先进的技术,就意味着掌握了引领权,谁就更有话语权。新技术让零售商与消费者更紧密地拥抱在一起，也让一部分零售商脱胎换骨，迅速升级换代，商业模式更加先进。

实体店极致化生存的手段与工具

新力量的崛起，让零售业焕发出了迷人的光彩。外面的世界如此精彩，但具体到个体，实体零售商在新的力量面前，仍踌躇不前，步履蹒跚。实体零售当前面临的是业态老化、人员知识陈旧、管理手段匮乏和缺乏新技术等问题，这些都令它发展滞缓。

如何轻装上阵，迅速地与当前的新技术相融合，这是许多实体零售商急需解决的问题。转型和升级是唯一的出路。在转型与升级的途中，互联网成为一道必须跨过的门槛。

实体店互联网基因的缺失

一方面是消费者热切地拥抱互联网，一方面是实体零售在互联网这张看不见的"网"中不知所措。实体零售不同于电商，先天未带互联网的基因，这让实体零售的转型变得困难重重。

首先是人。人是最重要的因素，所有的事情都要由人来推动。实体零售的从业人员面临人员老化、知识更新慢的困境。百货店最为红火的时候，一家知名品牌百货店的开业能召唤到全城最年轻时尚的人群前去应聘，但如今早已风光不再，那些年轻的力量不愿再去传统的百货业工作，而是更愿意加入那些先锋行业。年轻力量加入缓慢，人员结构老化，让实体零售严重缺乏新鲜血液。

业态陈旧的实体店，从业人员的年龄大多偏大，对新生事物的接受能力也较差。某咨询公司去一家发展缓慢的连锁企业做培训，在百人的培训会上，培训师问："在座的人员当中，谁没有支付宝，谁没有网购经历？"令他惊讶的是，竟有近四成人举手，而上培训课的都是企业的中层。没想到这些人在零售行业从业，对新事物的感应还如此迟钝。没有互联网购物经验，怎么可能去了解消费者的感受和消费习惯？再问下去，这家企业当时还没引入第三方支付。从某一方面看，年龄可能是接受新事物的一道门槛。

在互联网时代，行业知识日新月异，每天都有细微的变化。而实体零售的从业者大多依靠经验指导工作，经验一方面代表着过去的积累，一方面也会成为前进的阻碍，只有不断地吸收新事物、新知识，才能让经验这棵老树开出新花。很多实体零售缺少主动更新知识的制度，也缺乏企业层面的指引，大多是靠个人的自觉，这让知识的更新没有系统和章法。因此许多实体零售商的互联网知识一直处于"开荒"阶段，而且还总不见更新。

其次是供应链。电商异军突起，吸引人眼球的就是价格。对消费者而言，价格是利器。电商能取得价格优势，除了自身费用较低外，还有一个重要原因是缩短了供应链，减去了层层加价的卡口。许多生产商选择直接在电商平台上开设官方旗舰店，如海尔、华为等，由生产商直接面对消费者，价格低也是意料之中的事。而实体零售的供应链是冗长复杂的，层层代理制度让商品流转需要经过多个环节，而每个环节都要加上费用和利润，到消费者手中，价格已是高涨。供应链的陈旧老化，采购效率低下，带来的直接后果就是成本的增加。

最后是商品。传统零售时代，实体店最大的困惑是千店一面，不管是自家店还是竞争店，都经营近乎相同的商品。网店的出现打开了一扇窗户，让消费者有机会看到外面的世界原来如此精彩。只需轻轻点击，就可以看到丰富而各具特色的商品，相比之下实体店就相形见绌了。如何与丰富的资源接轨，找到符合经营需求的商品，并利用互联网将商品展示推销出去，是道令人困惑的难题。

无论如何，实体店都应主动张开双臂热烈地拥抱互联网。这是一条从来没有走过的路，只要前行者积极寻求改变，总能有所收获。

第三方支付方式的侵入

"侵入"似乎带有挑战的意味，是否接纳第三方支付方式，许多实体店都经过了一番慎重思考。引入第三方支付方式就意味着要开放一部分数据，自己的数据要被别人拿去，这需要经过一番思想斗争。但随着第三方支付的市场越来越广泛，更重要的是消费者对第三方支付越来越依赖，现在实体店不管是主动还是被动，大都会接入第三方支付。支付宝、微信还会定期发起促销活动，鼓励实体店参与。实体店参加类似的活动，一是可以提升临时销售额，通过第三方支付的知名度扩大自己的影响力；二是可以借此学习线上公司策划活动、执行活动、活动监督和活动总结的方式。一位参加过线上活动的管理者感叹："线上公司对数据的监控非常严格，如在活动期间出现不良数据或有争议的数据，就会立即沟通，并降低实体店信用分值。"这一改实体店之前粗放的管理方式，凭感觉、凭经验的判断最终要被客观的数据所取代。

线上线下一体化的营销模式

传统营销模式大多比较简单，实体店可借用的工具很少，发布的地点有限，形式也较单一。自从网络营销加入后，营销方式令人眼花缭乱，抢红包、刮奖、满减、换购、预售……花样不断翻新，其实活动的本质并无多少创新，创新的是营销方式。光是抢红包，淘宝每次大促都设定了不同的玩法，比如 2016 年"双 11"活动是找猫猫，通过摄像头定位找到隐藏的小猫，每只小猫背后都可能藏有红包。而到年货节，淘宝的活动就变成了套圈，可谓花样繁多。而其基本的思路是既让消费者得到实惠，又让其有新鲜感。实体店也在借用线上的营销方式，通过微信、微店发放红包，让更多的促销信息传播出去，还设定了线上与线下的互动，让消费者全线体验，以发挥营销的最大宣传作用。实体店的线上与线下联动，相当于多了一个对外的窗口，而且这个窗口更大更广阔。当然只有更具个性化，符合消费者需求的营销信息，才可以获得更多人的关注。

线上经营的尝试

大润发登上了美团外卖，某些地区只要购满 29 元就可以把商品配送到家，产品涉及日常基本生活所需。尤其令上班族感到方便的是，这里每天都有新鲜的蔬菜和鲜肉产品上线。于是，常见的场景是消费者下班前下单，到家后订购的蔬菜到家，省去了中途去菜市场或超市购买的时间。另外，在美团外卖订购，还能享受到会员价。据悉，大润发的 200 多家实体店已在美团上线。这个尝试无疑是大润发线上探索的最便捷的一条路，依托于一个平台，直接满足消费者的潜在需求。通过平台的衔接，商家让消费者离实体店的距离更近。

实体店要与线上结合，而线上同样也要与线下结合，两者需要融合，才能做到更大更强，这是目前各方达成的共识。实体店在进行线上探索时，要时刻记得消费者的需求，切莫一意孤行，把自己的意愿强加于消费者之上。否则就算勉强做成，后面的持续经营力也令人担忧。因此实体零售店在线上探索时，一定要具备"用户思维"，时刻记得消费者想要什么，把"是否可以让消费者获得良好的体验"作为一条衡量的标准，如果不确定甚至否定，最好果断地放弃。

拓展用户的使用场景

实体店有固定的经营场所和经营时间，这一方面是优势，另一方面也是劣势，即无法满足消费者时时消费的需求。实体店向线上融合，首先必须突破的是时间和地点的限制，把围墙拆掉，把时间拉长，让消费行为不再受限制；同时也要满足消费者对便利的需求，让消费者少费周折就可以买到商品。在进行线上发展时，实体店最好先问自己几个问题，借以理清思路。

问题一：向线上发展，主要的目标消费群是谁？

问题二：这些消费者在什么情况下会在实体店的线上渠道下单？

问题三：下单的场景是偶尔为之，还是日常所需？

问题四：能不能和消费者一起拓宽使用场景，给消费者提供更多可能？

这些问题没有答案，有的只是实体店最诚实的自问自答。

实体零售的专长在线下，如果要进行线上发展，依靠自己的力量研发、创新，有些强人所难。互联网在飞速发展，实体零售要想从零开始，追赶上前行者，距离遥远，让人望尘莫及。一个人追赶注定是孤独的，不如找一个同伴或一群人同行，借助于集体的力量和先进的工具，令自己的速度更快。向先行者学习，向先进者借力，缺少互联网基因的实体店才能走得更快。

互联网化是实体零售转型的必然选择

曾经人们还一度纠结，究竟是"互联网＋"，还是"＋互联网"。"互联网＋"，以互联网占主导，互联网所向披靡，许多行业都对它俯首称臣。而"＋互联网"，显然是前者占主动，互联网仅是一个被动的实施工具。现在看来，这一切都不再重要，不管是加还是被加，实体零售商总归要插上互联网的翅膀。拒绝互联网，就如同拒绝赖以生存的空气和水一样，而拥抱互联网，已成为获得生存的必要物质条件。

消费者正在热烈拥抱互联网，这是不争的事实。一日我去一家饺子店用餐，这家店的味道好，食客络绎不绝，但仍有少量空位。一对年轻的夫妻正为付款发愁，问："能用支付宝吗？"营业员答："不能。"他们又问："能用微信支付吗？"回答："不能。"最后无奈地说："能刷卡吗？"又回："也不行。"年轻夫妻出门没有带钱包，后来他们用微信把钱打给了另一个食客，对方给他们兑换了现金。饺子店的生意似乎没有因为单一的收款方式受到影响，但如果它能增加多种方式付款，生意可能会更好。

消费者习惯的培养需要时间。而习惯一旦养成，就会带来强大的惯性。现在消费者对网络的依赖性越来越高，到一个新地方找寻当地美食，首先想到的是大众点评等专业网站，因为那里有不计其数的网友推荐与点评。他们想送一件别出心裁的礼物，最先想到社交圈找灵感……网络涵盖了消费者的衣食住行，融入了他们的工作与生活，彼此依赖，密不可分。

传统观念认为，互联网是"80后""90后"，甚至是"70后"的专利。但尼尔森调查显示，三成的"60后"消费者也在线上渠道购物，这让人有些意外。可见，互联网不再专属于某个年龄层，而是几乎横扫了所有主力消费者。

实体零售在面对消费行为更新时，如果毫无动作、依然故我的话，只会落得门前冷落车马稀。互联网时代的到来让消费行为的更新速度加快，消费者引领消费的意识增强。许多消费者在实体店会问与网络相关的问题："这个品牌有网店吗？""你们在网上有旗舰店吗？""我能在网上下单，你们配送吗？""我能加入电子会员吗？"这些问题由消费者自然而然地发出。这些简单想法的表达，背后隐藏的是对便利快捷的需求。实体店需要细心地捕捉消费者的变化与诉求，切不可大意。

中国银联发布的《2016移动支付安全调报告》显示，有83％的"85后"消费者用手机在线下的便利店、商场、餐饮店里消费时选择用手机支付，比重之高令人有些惊讶，但细想之下，这也算是意料之中的事。现在便利店里用现金付款的人确实已越来越少，而只带一个手机的人越来越多。大比重数字的背后正反映了消费行为的改变。

借助于手机这个载体，消费者能轻易地与网络连接，更快地融入互联网。消费者希望在互联网的帮助下，轻松地找到商品。商品最好品质优良、价格适中，这样，消费者可以轻松完成购物。他们畅快地在线上与线下之间来回游走，并没有因渠道切换而觉得不便。他们深深地融入互联网，把它当成自己生活最密切的一部分。

实体店要做的是迎合消费者的需求，符合消费者的行为习惯，暗合他们背后的诉求，在互联网的进程中，和消费者一起"互联网化"。

实体店互联网化的手段

实体店要想真正搭上互联网这班快车，除了外在的形式以外，更重要的是内核的改变，因为内核是实体店前进的动力。只有内部管理的高效化，才能使实体店真正具备互联网化的实力。实体店要做到降低成本、提高效率，首先要借助互联网管理工具，从内部管理开始。

商品管理的互联网化

商品从选品到入库再到销售，是一个时时发生变化的动态过程。对商品进行互联网化管理，将工作流程可视化，通过互联网监控工作进度，设置权限，让不同的人有不同的查看范围，这些措施可有效提高管理效率。

商品采购。实体店一线人员把来自顾客的商品建议随时反馈到移动系统，采购人员接到来自顾客的建议后进行调研与论证，并据此调整采购计划，同时回执一线人员，让一线员工充分了解采购意图，员工再向顾客反馈。在这轮调整中，顾客是起点，也是终点。许多实体店并未建立专门的移动办公系统，而是通过 QQ、微信群临时沟通。虽然信息能即时发送和传达，但是随着群成员的增多和信息量的增大，这些"有用"的信息并不一定能立即传送到相关人员手中。如果能通过互联网建立移动办公系统，信息就可以实现定向传送与反馈了。

商品补订货。 现在许多零售商都采用自动补货系统，先由系统设定计算公式，再根据历史数据，生成补货订单，如有促销等情况可调整修正订单。自动补货系统避免了人工订单的随意性和主观性，也让补货工作更有依据，还解放了人力，降低了工作成本。补货是实体店日常管理的重要工作，占用员工大量的时间与精力。如果将这项工作纳入互联网管理后，无疑提高了工作效率和工作准确性。

商品的库存管理。 实体店在订立年初计划时，都会设立库存管理目标，这个目标既要保证商品的正常销量，又要适时减少库存，避免库存积压。库存管理目标分解到月、科室或商品类别后，每一个相关人员都会有一个明确的库存指标，相关人员可通过移动互联网随时跟进库存指标的完成情况。库存管理的目的并不是为了完成一个数据标准，其背后的深意是用适当的库存量最大化地满足销售需求。所谓最大化的满足，是指不能缺货，也不能有高库存量。通过移动系统即时监控库存情况，管理人员能随时掌控库存量，对异常库存及时处理。

服务的互联网化管理

服务是检验零售商是否深受消费者喜爱的重要指标之一。传统零售商的服务在顾客踏进店门前就已开始，一直到顾客离店后，是一个漫长的过程。这个过程需要不同岗位的员工共同完成，如果哪个环节让顾客产生了不满，就有可能破坏零售商在顾客心中的整体形象。但服务是动态的，整个过程又有易逝性，已经发生的服务无法再重新开始，只得想办法事后弥补。而弥补过后的服务就犹如裂开的瓷碗，总有一道若隐若现的裂痕。

所以传统零售商希望能第一时间得到顾客的实时反馈，而不是等到消费者转身离开时再来事后弥补。如果传统零售商也能建立一个评价系统，顾客就能第一时间把服务感受反馈给零售商，零售商据此改进，很多问题就能在萌芽状态解决。而服务岗位的员工也能看到顾客评价，随时提高服务水平。电商在这方面已经是先行者，每笔订单，购买者都可以对店家的服务态度、物流满意程度等做出评价。这样的评价激励企业与员工做得更好，电商的服务水平也确实在改进与提高。前几日，笔者在网易严选购买商品，到货不久后发现商品降价了，于是把情况反馈给了客服。但随后发现是自己看错了尺码，所以没有等客服回复就关闭了窗口。没想到几日后，客服打电话来落实商品降价情况，这让人大感意外，不禁为他们周到的服务叫好。追踪与落实每笔反馈信息，看重顾客的评价，可见电商对服务的重视。而传统零售商因为缺乏有效的服务监督手段，不能快速解决问题，任凭顾客的不满、压抑悄悄扩散，实在是自毁形象。

鼓励顾客通过在线网络反馈建议或者给予评分，不光能监督服务过程，还能提高顾客的积极性。顾客都希望自己的反馈能"掷地有声"，而不是"石沉大海"。零售商追踪服务，及时反馈，对顾客来说是一个莫大的鼓励。

传统零售商需要制定一个标准化的服务流程，使服务中的不连贯性最小化；还要建立一条与顾客沟通的渠道，鼓励顾客随时随地做出评价。通过服务评价，零售商不再是坐等着倾听顾客的需求与不满，而是主动出击，找到顾客的不满，进而改进工作。

服务如此重要，传统零售商所有的努力都是为了提升服务水平，让顾客的购买更有价值。只有让顾客体验到更具价值的服务，才能吸引他们不断光顾。在这个循环里，零售商的唯一出路就是做得更好。

借助互联网控制成本

企业竞争到最后，都是成本的竞争，谁能用最低的成本做更多更有成效的事情，谁就能轻装上阵，跑得更快。零售业降低成本的方法有很多，没有最好的，只有最合适的。比如以下几方面。

减少人员。许多零售商仅凭着经验或者参照同行标准，来制定每个岗位的人员配制，而不是科学测算出每个岗位的人员数量，这是因为缺少劳动量的有效数据。因此，零售商可以借助互联网工具，积累店内客流数据、销量数据和终端数据等，来测算出合理的人员配置。人员安排也不是一成不变，而是根据时段、节假日客流的变化，适时做出调整。

因为利润越来越薄，传统零售商对人力成本都极为重视。国内一家知名百货公司在 2001 年员工就由 700 多人减到了 300 多人。在百货业最红火的时代就能居安思危，确实非常了不起。如今传统零售商遭遇了历史低谷，控制人力成本是一条必由之路。但盲目地减人显然不可取，需要有效、合理、科学地配置员工。有零售商盲目减人后，有的岗位人员过剩，有的岗位却一人做着好几人的工作，直接影响了服务水平。服务水平的下降，间接带来销售额下降，这就像多米诺骨牌，推倒了第一张牌，后面倒下的是一连串的牌。

降低能耗成本。对实体零售商来说，各种能源的使用费也是一笔不小的开支，如水、电、煤等。这些开支如果不加控制，不光增加了实体零售商的成本，同时还会对环境造成危害。现在许多实体零售商都提出了节能环保的口号，一些零售商已经做出了表率，树立了良好的社会形象。

如美国的沃尔格林药店成为美国首家"零能耗"的零售店。所谓的零能耗是指产生的能源大于或等于消耗的能源。该药店配备了两个风力发电机组、近850个太阳能电池板，以及一个550英尺的地热发电系统。药店每年消耗20万千瓦时，发电量则达到每年22万千瓦时。药店在耗电方面不光实现了自给自足，还略有剩余。

2016年，麦德龙全球首家绿色商场在东莞开业。为了让自然资源和能源得以高效利用，实体店运用了多项创新技术，如利用墙面附着太阳能板来降低建筑热交换和空调负载。实体店还努力降低商场运营对环境的影响，商场配置了高能效比的空调系统，比普通的商用空调节省25%的能源，这样每年大约节电7.8万度，大大降低了能耗，同时降低了成本。降低能源消耗，不光节能环保，还可节省成本，可谓一举两得。

减少库存成本。高库存的危害显而易见——无印良品当年陷入危机，主因之一就是大量的库存积压；李宁公司业绩不见起色，滞销库存也是最大的包袱。不良库存和积压库存是零售经营的大忌，会占用零售商大量的流动资金。前面已经提到，利用互联网管理系统，科学管理库存是必要手段之一。科学订货、从源头控制库存，保持合理、有效的库存，是零售商控制成本的重要途径之一。

连接实体店的互联网管理手段

一家业务公司实行微信群打卡管理，员工每到一个地方，就要拍照，证明来过这里，然后发至微信群，这算是一种简单的监督。这种管理手段借助了移动通信的优势，不算高明，但总比没有管理与监督好。

实体店在进行店面与人员管理时，可以多多借助互联网手段，摒弃一些耗费时间与精力的办法，与时俱进。

目标管理。许多零售商会在年初或财年初下达各项指标，这些指标分解到实体店，进而分到每个部室甚至每位员工身上。目标的分解与下达能清晰地贯彻管理者的意图，让每个员工明确工作方向与目标。

但如果仅有目标，没有相应的跟进和管理手段，大多情况下，目标就会流于形式，到年度快结束时才悔之晚矣。因此，实体零售商在设定目标管理的同时，也要完善管理工具，让员工清楚地了解目标完成进度。

实体店的管理者可利用移动互联网管理工具，让每位员工都能清晰地看到目标的分解情况、执行情况、完成进度情况，同时还能跟踪提醒。管理者也可通过移动互线网工具指导员工下一步的工作进展与方向，共同达成管理目标。万达的年度计划制订后，都要录入系统，每隔一段时间对计划进行跟踪，如果没有完成计划将亮灯以示提醒。

管理工具的作用是多方位的，除了对指标进行管理，还可以与零售商的系统同步，统计客流、客单价、成交率等。实体店管理者和员工不光能及时看到数据进度，还能根据数据分析原因。没有数据如盲人摸象；有了清晰明确的数据，就像在黑夜里点亮了一盏明灯，目标明确，令人振奋。

现场管理。随着现代城市管理水平的提升，很多事情的处理正在变得越来越便捷。比如现在交警开出罚单后，都会第一时间上传至系统，就算被处罚人不在现场，也能收到处罚信息，及时纠正今后的行为。管理的即时性、可视性促进了城市的文明与发展。

零售管理同样可以做到即时性与可视性。如果让管理者与被管理者在同一平台上交流沟通,管理者就能第一时间看到员工的工作进展。比如总部派员工到实体店巡店,员工可把巡店的现场照片及有关材料通过系统上传,总部可以根据这些材料进行指导与规范。这样巡店过程与结果一目了然,避免了随意性和不规范性。

行为管理。管理层级多、管理范围宽泛、分店较多的实体零售商都面临信息传播不畅、沟通不顺的问题:总部下达的各项通知通告,不能第一时间传送到接收人手中;而实体店人员则面临信息接收过量,无法一一读取与回复。而借助移动管理工具,或可避免类似现象的发生。通过移动管理工具,可实现信息的分组推送,接收人的信息读取情况,发送人也能一目了然。信息的定向发送与传递,使管理目标更为精确。

学习管理。现在的零售业瞬息万变,有先见之明的零售商都对学习格外重视,希望通过吸收外来的经验,提高整体素质。学习是一件需要长期坚持的事情,它不一定有立竿见影的效果,但却是一种内生力的培养。有学习力的公司是做事最专注、最坚持也最有耐力的公司,不容易被击垮和打败。员工学习力的提高,可以推动整个公司的进步与发展。员工的学习一是靠自觉,二是靠企业的引导。企业的引导又分为两种:一是集中培训学习,二是利用碎片化的时间学习与指导,显然第二种更符合日常实际。把学习贯穿于工作始终,才能让学习无处不在。实体零售商可利用移动互联网工具,开发在线学习课程,鼓励员工利用碎片时间学习,同时为了检验学习效果,还可以通过在线考试、在线评分与指导,激发员工的学习兴趣。

顾客的互联网化管理。 实体零售商在进行渠道拓展时，服务的对象是消费者。尽管是同一家零售商，因为渠道的不同，顾客群体也会有差异。实体零售商希望通过渠道的开发，把线上的顾客带到线下，线下的顾客带到线上，多渠道吸引消费者。零售商一般会向顾客发一张会员卡，通过会员卡加深对顾客的了解，也可以对顾客进行初级管理，调动顾客来店的积极性。在进行会员管理时，零售商首先要打通线上与线下的会员通路，让线下的顾客到了线上同样可以使用会员身份，享受同一种待遇，比如统一累积积分。这看似是一件简单的事情，背后的深意是增加顾客的黏性，提升会员的荣誉感。

零售商还可以尝试利用互联网技术建立消费者社群。社群是什么呢？就是一群有共通性的人。从大的方面来说，零售商拥有的忠实顾客就是一个社群，因为忠实二字是建立在对零售商品牌的认可、对零售商售卖环境的认同、对所售商品的喜爱之上的，这些共同之处，让忠实顾客有了共通性，从而构成了一个社群。零售商的社群能网罗到的消费者越多越好，这意味着零售商所塑造的外在形象与秉持的经营理念得到了更多人的认可。通过社群的运营和维护，能与消费者建立更紧密的联系。

通过互联网提升流程效率

为了使企业正常运转，每家实体零售商都会配套设立许多流程制度，这些流程制度从撰写到落地执行，其间要反反复复论证多次。一个流程制度从纸面到真正运转，是一个漫长的过程，其中最大的难处在于是否能不折不扣地落地执行。流程在执行前按照惯例要对员工进行多轮培训和考试，尽管如此，等到了真正落地的那一刻，经营者又会发现，许多员工并未像试卷上所反映的那样切实掌握和了解流程的精髓,执行过程中常常花样百出。而流程一般是用文字表述,字多而且枯燥,许多员工并不愿意再拿起流程查找每一个细节。

如果借助移动系统工具,流程制度完全可以得到形象化的展现,员工只要轻点屏幕就可以找到自己所需的相关信息。形象化的表达能增进员工对流程的理解,员工也愿意随时查看。对于执行中的问题,员工可以通过移动工具随时提交反馈建议,为今后的修正积累资料。

极致化:没有最好,只有更好

物美集团的首席运营官于剑波博士在接受访问时说:"永远觉得自己做得不够好,还能做得更好。"

在极致化生存这条道路上,同样如此,永远没有最好,只有更好。消费环境是变化的,消费者是变化的,竞争伙伴也在变化。在一个变化的世界保持不变,其实就意味着后退,别人的前进凸显了自己的停滞。

零售商对极致的追求,意味着要在某一方面做到最好,而确立领先地位是极致化的终极目标。领先能给消费者留下深刻的印象,让消费者在选择的一瞬间毫不犹豫地把票投给你。可以尝试的领先方式有以下几种。

商品领先。商品是零售商的灵魂,消费者最终关注的目标是商品。在商品大同化的今天,如何做到商品领先,这虽不是一个新课题,但却是一个永久的课题。

保持商品的独有性,迅速占领某种领先地位,是许多零售商热衷开发自有品牌的主要原因。开发自有品牌，可以轻松地让零售商保持商品的差异化。但是也应看到，零售商自行运作自有品牌，因为缺乏设计、生产、品牌营销等经验，许多都叫好不叫座。

而宜家、无印良品、名创优品等则因商品的独家性，顺利保持着商品领先的优势，消费者需要他们的商品，必须到其零售店才能购买。这三个品牌的共性是零售商从头至尾参与了商品生产、设计、销售的全过程，各自保持着商品的独立性，这一点让其他零售商望尘莫及。

在商品大同化的今天，要想保持商品的差异性，难上加难。因此，在许多卖场、超市、百货店消费者看到的多是雷同的商品，无法找到新鲜感。如何突出重围，让消费者找到喜欢的商品？这里暗含一个逻辑关系：在找到商品之前，先要找到目标消费者，消费者是关键。找到了消费者就意味着找到了差异化的商品。

在琳琅满目的商品面前，让消费者一下子就能发现喜爱的商品，要做到一点——根据目标消费者的喜好，陈列与之匹配的商品，如在店内放大目标消费者中意的商品，会带给消费者不同的购物感受，或者通过陈列、卖场布置，营造商品差异化的氛围。

同时，零售商也要采购到个性化、特色化的商品，真正提高与竞争伙伴的区分度。谁的差异化标签更明显，谁就更具特色。

运营领先。一个运营得好的零售商，消费者是看得出来的。几年前有朋友去胖东来偷师，当时已到营业时间快要结束时，胖东来的员工把冰鲜台从里到外全部都擦拭了一遍，甚至连下面的导管都不放过。朋友看到后很感慨，许多店一个月都不会做的工作，胖东来每天就要做一次。朋友又来到烟酒柜台，提出了许多与购物无关的问题，比如这个店是什么时候开业的，有多少员工。接待他的员工刚来不久,不了解情况,朋友每问一个问题,她就跑去问同事一次,脸上始终带着笑容。"胖东来,了不得。"这是朋友的答案。

能让员工如此认真、有耐心的零售商不多。看似是员工的素养高,背后实际是运营机制的完善,每个环节都环环相扣,让员工能把个人价值发挥到最大。

对零售商来说,运营是一部机器,而良好的运营会让零售商如虎添翼。传统零售模式对商场运营的要求也相对单一。但在大数据时代,零售商的运营已不仅仅局限于卖场秩序、顺畅的流程和顾客服务。在新时代,运营被赋予了更多的内容,这也对零售商提出了更具智慧的要求。要打造一套完善的运营体系,零售商要在后台构建集数字化、智能化为一体的平台,给顾客提供多场景的购物享受,还要让顾客在各个渠道之间无缝体验。

好的运营体系,最终是为了让消费者得到更佳体验。

现在共享单车行业火爆,一下子涌进了许多竞争者。2017 年一季度,摩拜的 App 月度活跃用户数量位于同类市场的第一名,成为行业的领先者。这要得益于摩拜单车对运营体系的调整,从最初"满足用户出行"到现在"让用户更满意地出行",策略的调整实际上是运营关注重点的转移。为提升顾客体验,摩拜单车更新了传动系统,同等路程省力 30%,一改初代单车难骑的状况,还配备了气动高度可调节车座,以适应不同身高用户的要求,并搭配了好用的车篮,这些措施都增加了摩拜单车的骑行舒适度。可见 App 的活跃度与用户良好的体验是紧密相关的。在同样的运营活动中,只有比对手做得更好,才可能取得领先地位。

业态领先。业态分类逐步成熟后,零售业态发展一直处于一个较稳定阶段，零售商大多在传统业态里耕耘。但在互联网冲击下，传统业态开始出现分化，有的在原有业态基础上衍生出了新形式，有的则直接开创出了新的业态。业态的多元化发展为消费者带来了新鲜的感受。

现在，在一个业态里墨守成规的零售商少了，主动进取的零售商多了。上一个阶段是比大，大卖场、大型购物中心鳞次栉比，一个比一个大。因为大，所以能包容更多品类、更多商品，但随着消费者消费习惯的转变，对大而全的需求开始减弱，而对便利、快捷更为看重，因此小业态又开始成为新宠。便利店作为小业态的代表，从行业数据看，确实比其他业态的增幅更为可观。除了便利店，许多大业态的代表零售品牌也开始着眼于小业态。家乐福于 2014 年开了 Easy 家乐福，业界一直将其视为家乐福的便利店；永辉在 2015 年年底开了"YH 会员店"，都是 200 平方米左右的店铺；大润发也在寻找发展的动力，其中之一就是"正在考虑小型业态实体店的规划"。

小业态在现阶段之所以成为热门，主要原因是离消费者更近。"近"，一是表现在物理距离，小业态的实体店大多贴近社区，消费者不用走多远就能买到商品；二是表现在心理距离，小业态的经营灵活多变，从即食食品到包装食品，再到各种日用品，都能满足消费者的基本生活所需。

可以看出，要想做到业态领先，不管采取何种经营方式，也不管采用哪种经营策略，最重要的是要尽可能地靠近消费者，这样做可以缩短和消费者的物理距离和心理距离，也更吻合消费者的消费习惯，便于与消费者达成某种默契。只有这样的业态形式，才能被消费者所认可。

第四章

新零售经营核心

——以用户为中心构建购物场景

这是一个日新月异的时代，各种变化层出不穷，各项技术推陈出新。零售领域同样出现了新变化，原来消费者唯一的购物场所是实体店，而现在购物范围横跨"陆、空"两个领域，购物的触角最远伸展到了大洋彼岸，消费者可以随心所欲、不受限制地享受购物带来的乐趣，还能随时表达消费主张，发表消费评论，建立消费群体；新技术的出现，改变了消费者的购物习惯和购物要求，他们已不能满足在一个渠道购物，在一家实体店消费，而是希望得到多样化的体验。

令零售商困惑的是，消费者似乎还是原来的消费者，但又与原来的消费者有了很大不同。消费者变成了最熟悉的陌生人，零售商对此如同雾里看花，有点摸不着北。

一切从洞察用户开始

极致化的目标是要与消费者的需求相吻合，尽可能地满足消费者的需求。这看似平常的一句话，真要细究起来就会发现，其中隐藏着许多待确定的问题。

"谁是顾客？"

静下心来细想,这个问题其实并不容易回答。在传统零售时代,零售商只能模糊地辨识消费者,无法精确地画出消费者的轮廓;而在新零售时代,借助大数据,零售商能轻易地分析消费者,但却无法精确预判每一位消费者的未来消费行为。

消费者这么多,零售商不可能把每一位都当成自己的顾客,只有那些有真正购物意图并且愿意在这里购物的人才能作为自己的顾客。因此,零售商要清醒地认识到,并不是每位消费者都能成为自己顾客。在个性化的消费时代,每位消费者都有自己的消费主张与消费价值观,也有不尽相同的购物期望值,没有一个零售商能满足所有顾客的所有需求,只有找到与自己的经营方向相匹配的人,才是真正的顾客。

现在零售竞争激烈,看似是对顾客的争夺,实际上是对有相同购物需求、购物价值观的顾客的争夺。确定了谁是顾客,零售商就可以避免盲目的竞争和盲目的促销,真正回归到业务本质与经营本质。

"谁可能是顾客？"

这需要零售商对潜在顾客进行挖掘,竞争不光是对现有顾客的争夺,更是对未来顾客的争夺。

那么谁是未来的顾客呢？一是那些消费升级或消费更新的人。消费者的需求不是一成不变的,可能随着环境、收入、理念等变化而发生改变，零售商只有与消费者的观念契合，提前做好沟通，才有可能在消费者不知不觉改变时，与消费者达成某种默契与共识，成为他们购物的首选。二是主流顾客的转接。随着时间的变化，消费主流的交接棒正在发生转移，原来"70后""80后"顾客握有更多的话语权，而现在"90后"顾客显然有了更多的发言权。他们是社交媒体的活跃分子，爱分享爱交流，已成为零售商最为重视的未来群体。

消费者的变化随时都在发生，这就要求零售商眼观六路、耳听八方，像孙悟空一般有着七十二变，让消费者感到新意不断。

"顾客的需求是什么？"

现在，零售店变得越来越不像零售店，许多店把更多的项目与品类包容其中，商品零售倒退位到其次。为什么会发生如此大的转变？这与消费者的需求转变分不开。现阶段，消费者对娱乐休闲的要求不断提升，所以许多新开的零售店都把餐饮项目作为一个必须引进的品类，而且还把这个品类做得大且强。一次我到西单大悦城店，晚上8点多，餐饮区还依然有很多排队等座的人，其火爆程度可见一斑。餐饮需求增加，与消费者消费理念的变化分不开。随着收入水平的提高和生活观念的变化，消费者都十分愿意到外面享用一餐，品尝新的味道。

而这些需求变化是在潜移默化中发生的，消费者并没有明确地表达出消费意愿。这需要零售商细细揣摩和观察，再把这些心得反馈到经营之中。这也是为什么有的店铺门可罗雀，而有的店铺却能门庭若市。做得好的实体店满足了消费者的需求，做得不好的则无法与消费者的需求达成一致。

零售商消费满足需求的最终目标是为顾客带来价值上的满足，顾客的购物、休闲和娱乐表面上看是生活的需求，实际上是价值观的体现与碰撞。比如，有的顾客追求有品质的生活，一块昂贵的地毯，依然选择铺在地面，踩在脚下。因为在他们看来，如果地毯不能发挥功用，就不能称其为地毯。同一块地毯，有的顾客就舍不得铺。在这样错综复杂、交叉连接的网状需求中，零售商只有找到目标消费者认可的核心价值观，才能真正与顾客心有灵犀。

一位研究消费者心理的作者为了观察消费者的消费行为，曾尾随顾客，观察其每一个举动，细心记录下每一个细节，并写入书中，这些记录成为零售商日后改进经营的参照。顾客的购物举动有许多都是无意识的，就连他们自己也未必能意识到。消费者可以放任自己的购物行为，但零售商不能。因为失去洞察消费者这个根基，其他一切都毫无意义。

新零售顾客关系经营之道

时代在进步，科技在发展，但零售商仍要真切地观察消费者，研究消费者，如同研磨一杯好咖啡一样，把每一个细节尽收眼底。新零售的核心是围绕消费者做出改变，不管新零售会走向一个多么绚烂的世界，改变的终是外在，内核永远是消费者。

今天的消费者终于把客场变成主场，以强势姿态与零售商对话，尽情展现强烈的消费个性。

社交零售：创新连接

在互联网大潮来临之前，实体零售商与消费者的关系单一且单纯，就是简单的买与卖。在 20 世纪七八十年代，买卖双方用柜台相隔，一尺柜台不仅隔开了双方的物理距离，还隔开了心理距离。对零售商来说，消费者是陌生且对立的；对消费者来说，零售商像一块没有温度的木头，仅是为了解决一时之需才会去接触。

到了互联网时代，双方的关系由陌生变成了充满温情。

零售商的角色首先发生了天翻地覆的变化，原来实体零售商仅有销售功能，而现在，零售商变成一个社交平台，许多有共同爱好的消费者聚集在这里，分享体验和心得。早在 2013 年，银泰依托 VIP 卡，增加了"闺蜜圈"功能，三人即可组圈，闺蜜们可互相交流购物心得和感受，分享好的商品。更重要的是，银泰还出台了闺蜜圈的奖励措施，闺蜜们购物双倍积分，其他福利也可同享。银泰通过"闺蜜圈"，集结了有共同爱好的消费者，形成了稳定的相互连接的小群体和社交小平台。

社交平台的兴起，又进一步助推了购物模式的社交化。国外的脸书和推特等一些知名社交平台纷纷完善了在线支付系统，除了保持本身的社交功能外，还开发了新的零售模式，使社交与零售更紧密地联系在了一起。2015 年年底，脸书专门提升了零售新功能，为零售商提供"购物"和"服务"选项，使社交零售的功能更加完善。

作为国内知名社交平台，《2016 微信数据报告》显示，微信的日登录账户达到 5.7 亿，超六成的用户打开微信必刷朋友圈，其强大社交功能可见一斑。打开微信，许多人都会不自觉地点击右下方显示小红点的"发现"，想看看朋友们又有了什么新动向。微信不仅开通了支付功能，还增加了微店选项，让社交与零售近在咫尺。微信流量激增，微店同样得到了正反馈。

社交平台的兴起，给了零售商展示商品的机会，也给了消费者畅所欲言的机会，他们可以谈论零售商，评论零售商，随手分享购物乐趣，郑重地表达自己的消费感受。消费者的购物心得通过社交平台被放大，由不被重视变成极受重视。

社交指数成了评价零售商的标准之一。消费者愿意在社交网站上评价谁、提及谁，代表着零售商的活跃度和曝光率，也代表着零售商的受欢迎程度和竞争力。据雨果网报道，2016 年 Brandwatch 根据社交网站上的知名度、被提及次数、网上评价等五项数据，对全球零售商进行评分，发布了零售社交指数报告，亚马逊的得分居第一位。

在脸书上，一位顾客给三星留言自称是铁杆粉丝，他的愿望是希望得到一款新型手机，并附上了一幅亲手画的漫画。三星转发了粉丝的留言，也回赠了一幅漫画。不过事情并没有到此结束。过了不久，顾客真的收到了一部最新款三星手机，更让他惊讶的是，这款手机的外壳竟采用了他的漫画。这件事情在脸书上引起了巨大反响，一时间成了热门事件，三星也因此备受关注。这是一次成功的互动社交事件，三星恰当地捕捉到了时机，给顾客带来了意想不到的惊喜。顾客在社交平台上对这件事情的反馈和评论，让事件得以发酵放大，引发评论热潮。

由此可见，购物不再是个体行为，消费者在社交平台上的分享、转发、评论，都可能得到共鸣和响应，社交因素的加入让消费行为不再孤立存在。因为有社交的连接，消费者也因此成为可与零售商平等对话的一个方阵。

共享：打破边界

"共享经济"早已成为时下众多人群的生活选择和风投创业的潜力金矿。对于"共享"我们并不陌生，从原始时期开始，这个动词就已经烙刻在人类的活动中。而在互联网化的影响下，共享的重要性显得更为突出。

共享可以是对过往经历的分享。今天的消费者比任何一个时代的消费者都懂表达，他们善于分享，愿意把自己的消费心得、消费体验和在消费中得到的惊喜与愤怒，通过各种渠道表达出来。

消费者的这些分享越来越受到关注，成为许多人购物的参考。许多消费者坦言，看评价是他们网上购物选择商品的重要依据，尤其是差评更要看个究竟。他们想知道为何之前的购买者留下了差评，这些问题会不会对自己造成困扰。当消费者留下不好的评价，商家也会格外重视，积极采取各种补救措施，直到消费者满意为止。

淘宝和天猫为充分展现消费者的购物体验，独创了分享的另一种形式——"问大家"，只要是注册用户就可以询问商品的使用情况，比如运动衣洗后会起球吗，电水壶烧水的声音大吗。淘宝随机选取购买过的客户回答问题。消费者通过互动，提高了对商品的关注度，潜在的购买者根据大家的回答也能解除心中的部分疑虑。

零售场景的分享有两种表现形式：

一是分享购买过程和使用心得，给其他消费者提供参考。为提高商品的活跃度，商家创造各种便利条件鼓励消费者分享，淘宝可用语音发表评价，让分享变得更便捷。分享也为亚马逊吸引了消费者，调查显示，美国消费者喜爱亚马逊有三大原因：50％的消费者认为在亚马逊购物很简单，36％的消费者因为是会员，29％的消费者因为喜欢亚马逊的产品评论和推荐。购物者的评价分享相当于对商品的另一次推荐。

分享的另一种表现形式，是消费者向社交圈转移，在那里分享购物心得。通过社交媒体，消费者发表个人消费体验，期待得到更多人的共鸣。某知名作家在某个网站购买水果后，发现水果腐烂，遂找客服投诉，但客服处理滞后，该作家一怒之下记下事件全过程发到公众号上，立即引来大量转发和关注。电商第一时间致电道歉，但是恶劣影响已经无法挽回。该作家是"大V"，拥有更大的号召力，但普通消费者的声音也不能忽视，他们在社交平台上的分享随时可能被放大，引爆一个话题，或让商家喜形于色，或让商家坐立不安。

消费者之所以这么热衷于分享，是因为分享能让消费者的生活变得更有意思。一个朋友在朋友圈发了一张颜值颇高的寿司拼盘照片，立即引来众多询问，朋友热心解答。其实朋友与这家寿司店仅是顾客与商家的关系，但她愿意把美好的体验分享出去，因为在分享中她获得了愉悦感，还获得了归属感。

知乎上有人问：人为什么会分享？有一个回答被评为最佳答案，他说：分享自己的成果如果是人格修养的自然表现，会感到愉悦，如果是出于责任驱动，则会心安。

显然，消费者的分享是两者的结合，自己的经验对他人产生了影响——让人愉悦，真实地说出自己的想法——则会心安。

移动：位置模糊

一名消费者在实体店看中一件衣服，在 PC 端查找后放入购物车，然后在移动端付款。消费行为快速而自然地在各个渠道之间转换。张近东说，用户不会关心你是线上还是线下，用户关心的永远是自己的需求是否得到满足，满足的方式是否便捷。

传统零售模式下，实体店固守一方，消费者主动寻找实体店以满足购物需求，行动路线单一且明确。移动设备的普及，让消费者的购物方式和购物地点变得灵活多样。他们能随时随地完成一笔交易：可能是在办公室，也可能是在公交车上；可能是在睡前，也可能是在刚刚睡醒的朦胧之际，购物不再受时空限制。移动的便利性解放了消费者，让消费者不再受时间和地点的束缚，继而成为购物的中心和主导者。消费者决定购物途径和渠道，店铺随着消费者的移动而移动。

近七成的网购消费者选择在移动端购买商品。消费者的消费习惯逐渐改变，移动端从潜伏期大跨步进入了爆发期。这也在生活中得到验证——原来朋友们网络购物大多在 PC 端完成，而现在则大都是在移动端达成。手机成为网络购物的首选工具。

从各大电商的数据看，移动端的数据也分外抢眼。2016 年京东"6·18 店庆"，移动端的订单量占到了 85％，而 2015 年的"6·18"移动端订单量仅为 40％，一年之间上涨了一倍多。阿里巴巴集团 2016

财年财报显示,移动端的销售额占到了总销售额的七成以上,2016年天猫"双11"当天,交易额超1207亿元,其中无线成交占比近82%(见图4.1)。数字是最好的证明,移动端已成为名副其实的重要渠道。

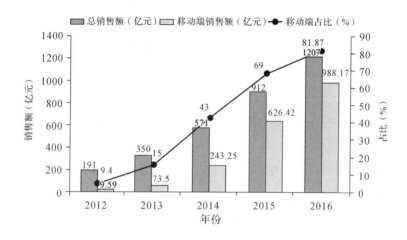

图 4.1　天猫"双 11"期间移动端销售额占比趋势

信息来源:中国产业信息《2016 年中国"双 11"销售额、移动端销售额、人均消费金额、快递量及包裹量分析》

移动设备的普及是移动端兴起的物质保障,网络的发达是移动端发展的快车道,大量零售商的涌入是移动端的内容需要。各种条件的具备与达成,让消费者快速地涌入移动端,甚至有人断言,以后是移动端的天下。

从 PC 端跨越到移动端,电商也花了不少心思。淘宝用红包引诱消费者——在移动端推广时期,只要在 PC 端购物付款,就会获得几角到几元不等的红包,但必须在移动端使用,只要不下载移动端,淘宝就会执着地发放红包。消费者有了移动端消费记录,红包推送也就到此为止。红包红利结束后,消费者的购物习惯也被渐渐培养了起来。移动端的快捷便利,对消费者最具诱惑力。

移动端让购物不再一板一眼,也不再局限于某个地点和某个时刻,它解放了消费者,让消费更为自由。

参与:消费者成为决策者

消费者有了更多自主权后,不再甘心只做一名使用者,他们愿意参与到消费的改进过程中,贡献自己的见解,享受获得的满足感。

在实体店,消费者最早的参与形式是意见簿。几乎每家实体店都准备一个本子,一头用绳子固定住,消费者在这里写下满意或不满,或写下商品需求,然后由店家采购。这是最简单最原始的参与方式。不管形式如何变换,消费者参与的初心不变。

现在消费者把参与的舞台最大化,社区、论坛、博客、微博、微信……这些社交化的手段都能让消费者轻松地找到零售商,表达自己的愿望。

小米是参与的典范,他们还出了一本名为《参与感》的书。小米的设计和运营全面对消费者开放。消费者在论坛里畅所欲言,发表各种想法。这些想法被收集起来,小米定期追踪有价值的信息并反馈到产品中。

尽管消费者参与形式多样,但他们的参与范围集中,主要表现在:一是希望增加商品的品种或功能,从而得到更完美的体验;二是服务功能的增加,比如他们希望在购物中心增加哺乳室,解决哺乳妈妈们的难题;三是服务内容的完善,希望零售商提供更细心的服务,让他们购物时少一些烦恼，多一些惊喜。

对于消费者表现出的强烈参与意识，如果零售商能快速响应，第一时间给予答复，将起到事半功倍的效果。消费者得到零售商的回应后，也将投入更大的热情。

马斯洛需求层次理论把需求分为生理需求、安全需求、爱和归属、尊重和自我实现。消费者参与购物实践，提出见解，是对尊重和自我实现的追求。在参与过程中，消费者的情感被满足，需求被重视，自身也得到尊重，从而实现了自我。

有趣：花钱不仅为购物

购物不是一件严肃的事情，而是与休闲紧密地结合在一起。消费者希望购物的过程不仅可以满足生活需求，还能发现生活乐趣。

新近改造对外迎客的上海十六铺水岸中心，除了增加旧上海的风情，还进行了场景化的设置，让游览者身临其境，如穿越了时光隧道。他们设置了盗墓笔记场景，再现了书中的描绘，让盗墓迷们流连忘返。场景化的布置，让消费者身在其中、乐趣无穷。

有趣是消费者的情感诉求，有趣可以让他们变得更欢乐，更愿意在零售商这里逗留，与零售商产生黏性。

消费者喜欢有趣的活动，最好能轻松参与，体验乐趣。夏日炎炎，一家商场做微信"摇一摇"的活动，只要在指定时段摇动手机，就有机会获得限量版可乐一瓶。这个活动激发了顾客的兴趣，当听到开始的口令后，商场里到处都是摇动手机的人，老年人也参与其中，摇到奖品的人喜气洋洋，没有摇到的人哈哈一笑。这个活动方式简单，调动了消费者的积极性。有趣的活动更容易让人接受和参与。

消费者也喜欢有趣的情境。如果一个情境能与消费者产生共鸣，让其瞬间尖叫，那么他们肯定会愿意投入到零售商设置的情境中。一家商场设置了一间怀旧课堂，课堂均按"80后"记忆中的样子布置——红领巾、大队长符号等。这些怀旧物件引发了一代人的集体回忆，许多消费者看到这样的布置后都忍不住进去坐一坐，回忆一下自己遥远的学生时代。

山东银座购物中心举行了一场闭场会员答谢活动。这场以"逆时光的新生之不同'梵'想"为主题的梵高艺术作品展，邀请4000名会员参加，将艺术元素融入卖场氛围，给消费者一个多维度、高品位、多感官的立体体验。

消费者喜欢有趣的商品。一家调查公司发现，消费者把在购物中总能发现新商品作为选择一家商场的选项之一。发现新商品是一个探密的过程。一次我在无印良品发现了一款商品——一个圆箍状的骨瓷制品，这是做什么的？几经研究未果，后来我终于在海报上发现了用途，原来这是一款牙刷架。恍然大悟的那一刻，顿觉十分有趣。

有趣可以激发灵感，让人身心愉悦，更重要的是消费者因此而获得了满足感。微信发动的红包大战就是如此。发红包是一个民间行为，是为了在过节期间讨一个好彩头。2014年微信开发这个功能以后，发红包的数量直线上升。2016年春节微信红包发放321亿元，共有5.16亿人次在春节收发了红包，比上一年春节增长了10倍，相当于3/4的网民都收发了红包。微信红包的诞生也是因为一件趣事：在腾讯公司总部，春节后开工第一天员工除了互相拜年就是领取高层派发的红包,领红包的队伍从三十几层一直蜿蜒到一层,热闹非凡。在腾讯内部把这个场景叫作"刷总办红包"。这个习俗给了微信团队灵感,于是,微信红包这个功能迅速火遍全国。

"有种、有趣、有料",有广泛群众基础的"罗辑思维"喊出了这样的口号。有趣是听众的诉求,也是顾客的要求。

简单:为效率付费

在朋友圈发布图片和视频比发布文章链接更受欢迎,这说明现在的人们更喜欢看一些简单的推送。消费者也是如此。

虽然现在购物渠道增多,但每个渠道生存下来的必备条件之一就是设计简单,不能有任何冗余,任何试图让消费者动脑筋、费思量的设计只能有一个结果,那就是失败。消费者对渠道的热爱,没有到非它不可的地步,在消费者面前有许多渠道可选,许多路径可走,没必要非在一条复杂的路上走下去,他们宁可选择简单的途径。

第三方移动支付方式大行其道,流行的主因就是解放了消费者的双手,而且避免了找零的麻烦和假钞的风险。原来出门,钱包是必带之物,而现在只要携带手机,万事都可解决。第三方支付减轻了消费者的出门负担,简化了付款手续,这是消费者推崇它的原因之一。2017年一季度,中国第三方移动支付交易规模达到了22.7万亿元,同比增长113%。阿里为了培养消费者线下使用支付宝的习惯,先是补贴,后是抽奖,直接切中消费者的要害,迅速聚集了使用人群。

消费者对简单的诉求体现在方方面面。比如一家零售商做店庆活动,优惠方式多样,且设计繁复,让人看得眼花缭乱,消费者根本抓不住活动的要点，需要用大量的时间和精力进行研究，才能找到最优惠的方式。由于没有耐心研究方案，最后只得不了了之，店庆活动也未取得最好的效果。唐代诗人白居易写诗，每写完一首，都要读给不识字的老婆婆听，如果老婆婆听不懂，他就要再改，直到改得通俗易懂为止。零售商的促销方案也应如此，最终还是要让消费者快速明白、理解。

消费者不喜欢花时间去寻找答案，他们希望有问题能用一个键盘就解决。新科技正在逐渐改变传统的时尚行业，为消费者提供多样化、个性化的购物体验。例如，梅西百货和 IBM 2016 年宣布将筹建一个试点项目，新系统通过与用户交流来自主学习，以提高购物效率，简化购物程序。IBM 的人工智能 Watson 将被用于向顾客实时更新库存，进行店铺导航，以及回答顾客的各类问题。[①]

零售业科技的发展为重振消费者购物体验提供了巨大的保障，一些品牌纷纷将科技因素纳入营销手段，用以满足消费者日益个性化的诉求。例如，丝芙兰使用人工智能教用户化妆技巧，回答顾客问题。H&M 则使用人工智能为用户提供时尚穿搭建议。

消费者不喜欢绕弯路，绕远路，走复杂的路，他们愿意看到直白的表述与操作，最好不费吹灰之力就可以解决实际问题。简单为王，谁让消费者更轻松，谁就有可能打动消费者的心。

个性：唯一的不同是处处不同

在这个标榜个性的时代，雷同代表着没有特色，大众是特立独行

---

① 电商也 Geek？梅西百货 IBM 研发人工智能. 亿邦动力，2016-09-19.

的反面。在购物过程中,消费者希望能发现自我、实现自我,他们加重了对"自我"的关照。个性化的消费体验,对消费者来说,就如同享受到了礼宾待遇。在这个茫茫世界,突然发现有人懂你,让人平添一分温暖。

通过技术手段的提升,消费者能享受到更多的个性化服务。天猫有一个"聚星台"计划,向商家开放大数据,用来自主运营店铺,雀巢公司是第一批实验者之一。在实验期间,只要登录雀巢天猫旗舰店,点开自助客服,导购不仅知道你叫什么名字,还能说出你想要买什么,并推荐商品,附送优惠券,令消费者享受专属服务。个性化的服务是否有效?天猫进行了对照实验,将消费者分为了 A、B 两组,A 组收到个性化信息,B 组看到的界面与平常相同。在测试期间,A 组完成购买的客户比 B 组高出了 40％,销售转化率明显高于 B 组。可见,个性化信息更能切中消费者要害,也更能博得消费者的好感。

挖掘消费者个性化需求的零售商不只淘宝一家,近日沃尔玛也开始进行人工智能项目,用 AI 服务顾客,获取更多的数据信息,为消费者提供更具个性化的选择。就像一千个读者心中有一千个哈姆雷特一样,每个消费者都有自己的独特要求,零售商根据采集的数据,用技术满足消费者的个性需求化,就会率先获得消费者的青睐。

零售商想尽办法打造个性化商店其实还远远不够。零售商的重要内核——商品,要先满足消费者对个性化的期待。如今小众的、限量款的商品正受到追捧和欢迎。知名轻奢品牌 Coach 与迪士尼推出的 1941 跨界合作款包,2016 年首发当日,在洋码头一上线,10 分钟内就销售一空。Adidas NMD 跑鞋、Clarks 新款三瓣鞋和 Gucci 日本最新限定款包同样开售即被抢光。个性化、差异化的商品让消费者能轻易找到识别自己的符号，他们愿意用这样的符号武装自己。

就连一直保持口味相同、商品无异的连锁快餐品牌麦当劳也做了个性化的尝试。2016 年，麦当劳全球首家概念店"McDonald's Next"在香港落户。消费者在这里可自选食材定制专属汉堡，光是沙拉就有近 20 种之多，开放性、多样化的选择满足了不同消费者的口味要求。试想坐在概念店里，每个人都吃着专属于自己口味的汉堡，就算是平凡如汉堡，此刻也让人觉得与众不同。个性化就是为了直击消费者的内心深处，引发共鸣，产生共振。

消费者渴望找到独特的专属的个性体验，不管是一家店铺的页面，还是商品的定制，在这个突显个人特色的时代里，个性化的标签显得无比重要。

新零售＝满足消费者潜在需求

零售也是一场比赛。新零售的概念提出后，各方迅速达成了共识，虽然就形式与内容仍争论不休，但毕竟今天的零售与昨天已大不相同，这是无法改变的事实。参与到新零售赛程中的零售商各显神通，快速地融合、创新与发展。大家都很清楚，谁的速度更快，谁就有可能拔得头筹。因此当下的零售赛场格外热闹非凡。

热闹的背后，我们也应清醒地认识到，不管新零售最终会创造出怎样的奇迹，它的服务对象始终是消费者。在这场争夺赛中，零售商最终争夺的是消费者，再细分，是消费者的潜在需求。

新零售最终要解决的是顾客正关心或未意识到的问题，尤其是未意识到的问题。这时,消费者自己对需求尚不明朗,需要零售商来指引。

聚焦消费者

把焦点放在消费者身上,这是说起来简单,做起来却并不容易的事情。在进行决策时、在进行新的项目探索时,许多零售商都自觉或不自觉地把"我"放在重要的位置,至于消费者是何种态度则不重视。所以,经常能看到匆匆上马的零售项目又匆匆下马的惨剧。如果零售商在做任何事之前,都把焦点放在消费者身上的话,失败的概率会小很多。

聚焦消费者的潜在需求

在没有手机 App 之前,消费者并不知道借助手机完成购物是一件多么惬意的事;在便利店没有早餐之前,消费者也不知道可以在便利店买早餐;在没用第三方支付之前,消费者也完全想象不到可以带着手机买遍天下……原来没有想到的事情都在真实地发生着,并且让人越来越沉迷其中。

这一切没有出现之前,消费者依然如常地生活,如常地往返购物,似乎也没有什么不便。而当把这些潜在需求发掘出来后,消费者就渐渐产生了重度依赖。现在购物,年轻一些的消费者都会打开手机,这已成了理所当然的事情。如果这些方式没有出现,谁也不知道消费者会有这方面的需求,只有那些率先洞察消费者潜在需求、致力于开发相应技术并愿意实践的人,才能牢牢抓住消费者。

消费者的潜在需求是一道隐秘的防线,如果不真切地观察、体会，恐怕很难注意到它的存在。一家有远见的零售商，要时时刻刻提醒自己这道线的存在，更要试图跃过这条线，去看看线那边的风景。

为何要投入诸多精力关注消费者的潜在需求呢？因为潜在需求可以转化为购买力。对现有消费者需求的争夺是一场永远无法停止的战争，但这场战争最终都会转化成另一场战争——争夺消费者的潜在需求。谁能率先满足消费者的潜在需求，谁就拥有更多争夺消费者购买力的资本。

2017 年 6 月，亚马逊用 137 亿美元收购了全食超市，这成为亚马逊迄今为止的最大并购案。如果用一句话表达全食超市的核心，就是"好且贵"。超市的商品全部都经过严格的检验与挑选，是美国第一家有机食品认证的超市，它对商品的要求严格到了"鸡蛋里挑骨头"的程度。比如出售的鸡肉，出产肉的鸡不仅不能食用任何抗生素，而且在生长过程中，还有饲养员随时注意它们的心情，让它们时刻保持愉悦，顺便还要经常听听音乐；比如土豆，从土地里挖出到顾客手中不能超过 6 个小时……这种近乎严苛的要求，让全食超市收获了大批消费者。当然，它的价格也不菲，土豆卖到 70 元一斤，4 颗草莓要卖到 300 元。但这个价格依然挡不住消费者的热情，全食超市 2016 年创造了 157 亿美元的营业收入。

全食超市创办于 1980 年，创始人当时发现了消费者正在萌芽中的对品质生活的追求和对健康食物的需求，所以超市一开业就大受欢迎。全食超市满足了消费者对品质生活的潜在需求，当其他零售商也看到这个需求时，它早已开出众多分店，这个细分市场已经很难容下其他零售商了。

聚焦消费者的某一生活场景

零售业在经历了"大"时代之后，"小"时代日渐兴起。"小"就意味着在有限面积无法经营更多的商品，无法满足消费者的全面需求；但"小"同样意味着聚焦，即商家把经营的视点聚集在某处，像阳光下的放大镜聚焦光线一样。

这样做的好处是由小及大，聚焦点是小的，但却能以此为中心，扩大经营辐射面。

在寻找小的切入点时，消费者的实际生活场景能提供许多灵感。零售商可以根据需要，把消费者的生活场景切成一个个片断，截取有用的部分，以此确立经营目标。

现在媒体都在讨论"内容为王"，零售商的场景聚焦同样要遵循"内容为王"的宗旨。场景应以消费者的实际生活为"内容"基准，而不是凭空打造一个空中楼阁，这样无法与人产生共鸣。

场景片断应来源于生活，根植于生活；离开生活的土壤，一切就如植物失去水分。可以想到的场景有：家居场景、餐饮场景、亲子场景、家庭园艺场景、读书场景、兴趣场景……

许多零售商都在场景聚焦上找到了经营的方向。如，盒马鲜生聚焦的是年轻消费者的日常饮食，从原材料到餐桌，每个环节都以消费者的需求为本，在这里可以最大限度地满足消费者的餐饮需求。对于没时间做饭、不愿意做饭的人来说，在那里能买到精细程度高的食材，回到家里只需简易加工就能品尝到美味佳肴，这是现代人追求简洁便利同时高品质生活的一大福音。

零售商对生活场景的格外着墨，最终是为了拉近与消费者的距离，未来谁离消费者的生活更近，谁就可能是消费者亲密的伙伴。

聚焦与众不同

零售业从来不是模仿者的天堂，在这里，消费者总会被第一个、第一次吸引。但零售业的模仿者又从不间断，团购网站刚刚兴起之时，一时间簇拥者众，大家都试图分得一杯羹，但当红利期过后，陆续出现了团购网站的合并、消亡，只有极少数有个性、真正能挖掘到消费者需求的网站存活了下来。如果一家零售商总是试图跟在别人后面，用别人的创意，重复别人的创新，那只是在不断强化别人的概念，为别人做免费的广告——但许多零售商都没有意识到这一点，相反，从众者甚多。

"当别人都在这么做时，你就不要这么做。"与众不同不是最大化的包容，而是独辟蹊径，找到一条差异化经营之路。

"断舍离"的生活哲学现在一直备受推崇，不仅在生活中我们要学会适当地舍弃，在经营之路上也要懂得舍弃。舍弃可以让经营焦点更为集中，也可辟出与众不同之路。具体包括：

品类舍弃。在大卖场和百货店时代，多而全成为商家追求的目标，但当下这两个业态都显现出了疲态。多而全虽然看起来周全，但却失去了主要特色。零售商要学会选择品类，不能把所有品类都抓在手里。适当放弃一些品类，并不会因此造成消费者流失，相反，可能因为强化某些品类而让消费者产生了更强的黏性。苹果公司无疑是品类舍弃的典范，虽然苹果的产品已经深得消费者喜爱，但它仍在手机、电脑、iPad 等几个类别中耕耘，并未跨越更多的领域。

优势舍弃。有的零售商试图营造出完美的零售形象，集各种优势于一身，但真要实践起来，就会发现这根本难以做到。一个人的精力是有限，一家公司的精力同样有限。当试图把各种优势累加起来，对资源的需求就到了无以复加的地步,这会让零售商背上沉重的包袱。因此,零售商在打造自己的优势时,应发扬自己最擅长的,舍弃那些做得不好的,让资源得到合理的配置与使用。

要承认有些优势无法达到最佳效果,相当于让零售商承认自己的弱点,过程有些困难。但如果不做这样的抉择,零售商早晚会被当初的完美之心拖入困境。

顾客舍弃。在这个世界上总有一些无法取悦的人,顾客亦是如此。年龄不同、需求不同,仅这两个维度就能把顾客划分出几个类别,而每个类别的顾客都自带标志性特征,如老年顾客更关注价格,年轻的顾客对品质与时尚更为看重,时间紧的上班族把便利看得更为重要,各方需求截然不同。与其试图满足所有顾客,不如主动放弃一些人,主动舍弃对一部分顾客的关注,把注意力集中到目标顾客。

给消费者自由

实体店的一道围墙,束缚了消费者,也束缚了零售商。互联网时代的到来让这堵墙瞬间变得可有可无。围墙的存在标志着实体店牢牢掌握主权:采购的商品自己定,售卖方式自己定,售卖地点自己定,售卖时间也由自己定。但时过境迁,现在消费者需要打破这道围墙,实体零售商要把自由还给消费者

消费者现在越来越随心所欲,他们手里有太多的选择,不再拘泥于一个固定的实体,也不拘泥于某件商品。他们自由无拘,任意挥洒自己的消费热情,表达自己的购物喜好。更多的消费者希望能在消费中表达自我,彰显自我。

生活节奏的加快，工具的增多，人们越来越难以专注地做一件事情了。他们在听广播的时候顺便刷了淘宝，他们刷淘宝也许正在吃饭的间隙，他们在吃饭的时候可能还在平板上看电视。手机也成了人们离不开的工具。随着移动购物的兴起，消费者变得来无影、去无踪，共性越来越不明显，反而显现出强烈的个性色彩。

消费者不屑于再在某一个固定时间购物，他们希望什么时候有需求，就能立即满足。对一件商品的渴望如噬咬内心的小虫，不满足就无法安定。而实体零售的营业时间按部就班得就像祖母的老钟表，年复一年，日复一日，一丝不苟地执行着，从不改变。

把时间还给消费者。消费者的购物时间不再受任何拘束，实体零售需要满足消费者无时不在的消费需求，让消费者的购物时间随心所欲。

消费者在哪里，店就要开到哪里。在日本有一家全世界最自由自在的书店，哪里有需要它就开在哪里，公园、车站、活动现场……都能发现它的身影。它由一辆雪佛兰汽车改造而成，书店设在车里。店主根据每次开店场景的人群不同，选择不同的书籍。开到公园，就多放一些儿童读物；开到年轻人多的地方，就多放一些文艺书籍。他还独具匠心地把书籍与场景结合在一起。车内设置了卧室、客厅、厨房，每个房间都摆放着应景的书籍。店随客走，这家小书店完美地做到了。

把消费者变为粉丝

在零售领域，粉丝是指零售商的热心追随者和支持者。过去，零售商眼中只有顾客，没有粉丝。他们以高冷的姿态与顾客交流，但不产生交集。而现在，得粉丝者得天下。

网络品牌韩都衣舍的店铺收藏数已过千万，虽然店铺收藏数与销售额并无直接关系，但粉丝的多少可看出有多少人在默默关注店铺动态，这些人都是潜在的消费者或复购率较高的消费群体。

大量粉丝也能产生经济效益，这就是粉丝经济。《粉丝力量大》的作者张蔷如此描述："粉丝经济以情绪资本为核心，以粉丝社区为营销手段增值情绪资本。粉丝经济以消费者为主角，由消费者主导营销手段，从消费者的情感出发，企业借力使力，达到为品牌与偶像增值情绪资本的目的。"

粉丝是最优质的目标顾客。网红 Papi 酱用独有的魅力征服了千万粉丝，她在视频直播中收到的粉丝打赏甚至高达 90 万元，粉丝经济的力量可见一斑。顾客不一定是粉丝，但粉丝必是顾客。

对实体零售商来说，谁的粉丝越多，未来的话语权就越大，就越有可能占领更大的市场。

顾客如何才能变成"粉丝"？

如果实体店只为了售卖，仅提供售卖服务，那肯定不会赢得消费者的爱。"爱"需要情感的投入。实体店要转换角色，变身一位贴心的朋友，顾客也不再是消费者，而是来走访的朋友。亲切融洽的关系，需要积累和投入，需要一个从量变到质变的过程。

零售商影响力的提升。在社交时代，消费者不再满足于单向的注目，他们希望得到互动交流。实体店要学会建立口碑传播，利用社交平台充分展示自己的魅力，不管是高冷的还是热切的，精致的还是大众的，理想的还是现实的，都要表明一种态度或一种性格，吸引消费者追逐你的脚步前行。

在新浪微博上，运营较好的零售商有家乐福、银泰和宜家等。家乐福的粉丝近 500 万人，微博更新频繁，内容涉及家乐福的活动介绍、微博专有活动及内容营销等。内容营销包罗万象，有笑话、美食厨房、健康美容等。家乐福七夕节的微博互动活动留言达到千条以上，广受欢迎。宜家的微博内容较为单一，主要以宜家产品为核心，但宜家产品的独有魅力是微博的吸粉利器。

细节打动顾客。顾客生日，如果收到一份寄自零售商的礼物或一张专有优惠券，加上精心的包装，总让令人眼前一亮；冬日送上一杯暖茶，夏日送上一杯凉茶……这些细节，能让顾客更贴近零售商。现在许多零售商能通过通信运营商发送小区短信，信息大多是欢迎光临某个店铺，或者哪里正在做促销活动。当手机号与会员卡联动并基于定位系统，小区短信会有更多用法。一次朋友生日当天到某家零售商店选购商品，当她一进入卖场，就收到小区短信祝她生日快乐，并让她凭会员卡到前台领取生日礼品一份。朋友开始以为短信发错了，将信将疑到前台询问，果真得到了一份礼物——一个精致的杯子。朋友大为开心，在朋友圈和微博上秀了个遍。

给"他"，而不是"他们"。我们都有过这样的体验：过年收到拜年短信，如果是群发或是网上摘录的雷同信息，我们大多置之不理，甚至没有耐心看下去。但当收到专属于你的拜年短信，哪怕是最朴实的话语，我们也会记住发送者的用心。消费者同是如此。零售商要提供独特的针对某个消费者的体验和服务，让他们感受到对他个人的重视与关爱。比如喝咖啡，咖啡店提供的杯子正好是你的星座杯，拿到的这一刻是不是惊喜异常？消费者需要独属自己的"那一个"，以彰显个性。

渠道只有一个：消费者

新技术层出不穷,实体店面临诸多选择,好像任何一个选择都能找到消费者,而诸多的外在形式又变化多样,难免陷入无所适从的尴尬之中。其实,不管形式多么丰富,内容多么炫目,核心只有一个——消费者,消费者是唯一的渠道。

消费者是零售商经营的核心,只有与消费者相契合,才可能不被抛弃。在渠道选择上,不是考虑给予消费者什么,而是要思考消费者真正需要什么。

大跨步进入互联网时代,实体零售商面临着太多的问题与选择。当电商以创新者的姿态出现,以傲人的成绩跑步前进时,实体零售商确实受到了较大冲击。但在追赶领先者时,实体零售商不能忘了"为什么而出发"。

做自己擅长的和熟悉的才是根本。在全渠道模式下,各种线上线下结合的实例层出不穷,但实体零售商在求线上发展时,不要忘了"实体"才是生存的根基,这个根基是无论变为何种零售模式、何种商业形式都不能改变的。实体零售的优势是线下,他们了解消费者的消费习性,在线下他们更为得心应手。

实体零售商如果举全企业之力发展线上,或抛弃线下转而走线上之路,或许并不值得提倡。事实上,实体零售商花巨资打造的线上之路,的确也大多走得不顺畅。许多实体零售商都建立了电商团队,但从实际运营效果看,目前并没有一家能够突出重围,带领他们走得更远。相反,大多成了实体零售的负累。

实体零售与电商本身的基因就不同。众所周知，电商是"长尾理论"的践行者，经营的商品多而全，以商品丰富多样取胜。而实体零售都是精选商品，以量少优质取胜。因此，实体零售与电商的经营模式有着本质不同。因此实体零售商在向线上发展时，采用本身的供应链、管理模式和人员模式肯定是行不通的。如果完全抛弃实体思维，采用电商的思路，无异于抽筋换血，代价也是巨大的，最终实体零售失去的是优势。

线下是实体零售商的优势所在，现在要做的就是继续巩固和加强优势，提升核心竞争力，提供超出顾客预期的产品和服务。

目前最可行也最节省成本的办法，是借助互联网的优势完善实体零售商自身。比如第三方支付手段的引入，让消费者在店内付款更快捷方便；又如引入电子会员系统，减少顾客的实物会员卡存量，电子化管理会员。这些都可以让实体零售商在保持自身优势的同时，加快与时俱进的进程。

实体零售商最终要用全渠道完善自我，而不是颠覆自我，另创一个全新的"自己"。

消费者在哪里，渠道就在哪里

消费者的购物行为正在进行大规模的迁移。这种现象已经引起了业内人士的关注。

此次消费者迁移的目的地是移动端，他们在那里大量聚集。移动端携带着方便、快捷、便利的基因，一亮相就赢得了众多好感。移动时代的到来，让零售史翻开了新的一页。

这也是实体零售商不能错过的发展机会，如果错过移动端，实体零售的现代化进程可能就要被终止。对实体零售商来说，移动端的发展具有划时代的意义。有人预言,实体零售商可以错过 PC 端,但绝不能错过移动端,错过了就真有可能被淘汰。

消费者大量聚集在移动端,原因有以下几个方面:一是网络的提速与发展,让移动交易不再有障碍,随手拿起手机,随时随地就可完成一笔交易,顺畅的体验让消费者更依赖移动端。二是电商的鼓励,移动端推广时期大量发放优惠券、红包以及出台更优惠的购买政策,这些前期红利培养了消费习惯。三是各大从 PC 端转移过来的电商,不管在设计还是浏览习惯上都做了改进,向消费者提供了良好的购物体验,消费者不因屏幕的变小而感到不便。四是社交平台的兴起带动了微电商的发展,社交与购买结合在一起,让购物不再是私事。

变革是深刻的。消费者的行为发生了如此明显的转变,给零售商留下了思考和改变的空间。为了迎合消费者需求,老牌实体零售商也在改变。星巴克为了实现无论在哪里都能让顾客喝上一杯星巴克咖啡的愿望,开通了移动在线预订的服务。消费者只要在星巴克的 App 上找到离自己最近的星巴克餐厅,就可以下单预约,在线支付,满足随时想喝咖啡的愿望。

在国内,良品铺子基于实体店,把第三方的本地生活平台打通。在实体店覆盖的城市,只要当地有合作的配送服务商,用户就可以在网上选购商品,网店的库存信息与实体店实时共享,用户可以选择就近配送还是实体店自提。在此之前,良品铺子的线下实体店如果要做外卖,就只能靠店员手动输入信息和记录库存,消费者购物后也不能在第一时间拿到产品,效率非常低。

移动渠道的优势已经显现出来,这肯定是未来商家的必争之地。谁抢占了移动端,谁就更有主动权。

移动渠道进一步模糊了实体和零售固有的界限，让消费者游刃有余地在实体与移动端进行转换。

争夺"90后"消费者

现在，20～50岁的消费者正处于消费高峰期，无论是财富积累能力还是消费能力都处于主导地位，这些消费者分别对应的人群是"90后""80后"和"70后"。他们是消费的主流，掌握着消费的话语权。

每个年代的人都有每个年代的特色，他们的消费观也透着时代的特点。网络上流传这样的表述："70后"有定期存款，"80后"要还贷款，"90后"则信奉花了是钱、不花是纸。简单的表述一语中的，让出生于各个年代的消费者形象跃然纸上。

随着"90后"年龄的增长，后续消费能力会越来越强，他们将是未来一段时间内的消费主力。"90后"爱彰显个性，有自己的消费主张，不愿意人云亦云，争取这些消费者并不容易。

首先，他们更愿意听从自己的意愿和想法。北京大学市场与媒介研究中心发布的2015年资料显示，77.3％的"90后"更看重自己的喜好，广告促销、导购促销虽对他们有一定吸引力，却仍不及遵从自己的内心来得重要。这表明，"90后"更为自我。零售商在具有强烈自我个性的"90后"面前，如何与其达成共识，成为他们标榜自我个性的首选，是最需要关注的方向之一。淘宝也在有意识地向"90后"靠拢。2016年7月，淘宝举办的造物节活动主要就是面向"90后"。淘宝选取72位神店店主，他们虽是普通人，但在固定圈子里又有着大神级的地位。他们的代言与分享，会让更多的年轻人参与互动。

其次，社交娱乐成为"90后"明显的标签。他们对娱乐新闻的关注度高于其他新闻,安装社交软件主要是为了娱乐,娱乐至上成为"90后"的特征之一,怎样把这种娱乐精神与零售商的售卖结合起来,让"90后"在娱乐中实现购买需求? 具有吸引力的商品、具有吸引力的购物场景和具有吸引力的售卖方式,是必不可少的沟通利器。

《中国"90后"网络行为调查报告》(ComScore,2014年)分析,中国"90后"人群约有1.4亿,占全国总人口的11.7%,平均每月网购消费240亿元。也就是说,平均每位"90后"月网购金额达到171元,而这些金额大部分流向了淘宝。"90后"购物地点的集中与网购习惯的根深蒂固,对实体零售商来说实在不能称为一件好事。如何把宅在家中的他们拉回购物现场,让"90后"们回到实体店,是实体零售商必须面对的功课。

零售的根本在于成本、效率和用户体验

可能有人要问,实体店必须要做出改变吗? 答案无疑是肯定的。因为消费者的变化有目共睹,如果实体店与消费者的距离越来越远,那么消费者终有一天会抛弃实体店。

但任何转变都应以实践为基础,抛开实践的理论只是空想。

现在,越来越多的消费者随身"携带"商店,只要有购物需求,掏出手机立即就可满足购买愿望。店随消费者移动,消费者在哪里,店就在哪里。而实体店有一道坚固的围墙,决定了它不能随消费者移动,也不能随时满足消费者的购物需求。

记得上大学时有一次做实验,缺一个软木塞堵住缺口,实验室里的人急得团团转。这时导师走进来,了解情况后,找到一根橡皮软

管，几经缠绕后，成了一只塞子，成功堵住了缺口。导师说："我们找的不是软木塞，而是工具。"

同样道理，实体零售商要在互联网时代突围，不是为了找"软木塞"而去找，而是要找到可以充当"活木塞"的工具与方法，适应消费者购物模式的变化。

成本制胜：实体零售商的"互联网＋"历程

互联网大潮来袭，如何与互联网紧密结合，直至现在，实体零售仍未终止探索的脚步。探索也是一个试错的过程，实体零售商从热烈拥抱互联网，到有理智地拥抱互联网，这期间走了许多弯路，也花了许多成本。实践是检验真理的唯一标准，只有不断地实践与探索，实体店的互联网进程才有可能走得更远。

目前，实体零售商的探索形式有以下几种：

自建官网。这是许多有实力的零售商选择的触网方式。众所周知的有步步高集团的云猴网、大润发的飞牛网、大商集团的天狗网、苏宁云商等，沃尔玛也有自己的官方网站。这些实体零售商的电商业态，与天猫、京东等大体量的电商争夺发言权。虽然零售的本质相通，但由于商业模式的差异，残酷的现实给这些实体零售商上了重要一课。自主做电商，遇到的困难与麻烦不少。同一种商品，线上与线下需要不同的展示方式和售卖方式，拿线下思维做线上经营显然是行不通的。

自建官网的优势是所有资源都由零售商自己掌控，有话语权。不会受制于人，也不用看人脸色。流量、访问量、点击率、转化率、消费者信息等宝贵的数据资源都不会外流。前期数据积累可为后期经营提供有力的支持。

劣势是缺乏专业人才,外聘的电商人才不了解企业情况,与实际业务脱节,大多貌合神离。技术设计不纯熟,消费者体验不到顺畅完美的购物流程。费用投入高,烧的都是实体零售商积累的"血汗钱"。

入驻平台。现在天猫、京东作为主流开放平台,吸引了众多商家入驻。平台积累了丰富的实战经验,不管是品牌推广还是消费者营销,都有自己的心得。

入驻平台的优势是可借助大平台的流量为自己引流,这相当于站在巨人的肩膀上,享有得天独厚的优势。

劣势则是入驻平台首先要交纳平台费用,相当于增加了成本。再则,现在巨人的肩膀上站满了人,要想在这一片黑压压的商家中脱颖而出,让消费者找到你,也不是一件太容易的事。

自建 App。这是伴随移动端的兴起而发展起来的渠道。移动端与 PC 端虽同属于互联网发展的产物,但因渠道不同,两者的区别还不小。就算是阿里旗下的天猫与淘宝,从 PC 端到移动端,也悄然发生了许多变化。如移动端的页面展示和商品展示都与 PC 端不同,必须更适应消费者的浏览需要和消费需求。打开移动端淘宝首页,每个消费者看到的都是个性化的展现。步步高、大商、大润发、沃尔玛等都在移动端建立了 App,从软件评论看,大润发得到了较多好评,而对有的 App,消费者提出希望品种再全一些、售后再好一些。

自建 App 的优势同自建官网的优势大体相当,主导权和话语权握在了实体零售商的手中。

其劣势除了专业人才缺失和需要大量费用支持以外,还有一个客观因素：消费者的屏幕空间有限，想要在有限的屏幕空间里争得一个自己的位置，确实难度不小。据统计，每位消费者的手机上平均安装 20 个 App，但很多打开率只有 50％。也就是说，就算有一定的下载量，打开率仍不尽如人意。对实体零售商来说，不光要在方寸之间争夺一席之地，还要时时刻刻让消费者记得你。在苹果手机应用商店，许多零售商的 App 下面没有评论，下载、使用情况堪忧。

微店。 微店是近年发展起来的一种"小而美"的零售模式，依附于手机而存在，可为顾客随时随地购物提供便利。微店还满足了社交需求，可以在社交圈里推广营销，让更多人了解产品。许多品牌或零售商都开设了微店，全员营销，人人都可以当店长，把产品售卖与个人收益结合起来。天虹商场是较早开发微店销售的零售商之一，现在，天虹有天虹微品和天虹微店两个体系，天虹微品是天虹自主研发的微店 App。截至 2016 年 6 月底，天虹线上业务销售同比增长 63％，移动端粉丝数达到 586 万人，天虹店主总数约有 19 万人，可以说把微店小生意做成了大生意。

微店的优势在于借助于移动端，售卖简洁方便，不再受购物时间和地点的限制，给予了消费者极大的自由，同时满足了消费者沟通分享的愿望和需求。

劣势是因为开店成本低，大小商家纷纷入驻。又因监管难度大，审核手续不完善，微店商品良莠不齐，这为微店的发展带来隐忧，只有拥有一个健康的、良性的购物环境，零售商才会发展壮大。从野蛮生长到正规有序，确实需要交学费，这个过程是一个不断学习、不断完善的过程。

实体零售商在移动端的 N 种姿态

移动端是实体店线上渠道拓展的巨大市场。

现在不光是中国的移动端交易量迅猛，全球市场移动端同样表现出了强劲的势头。美国移动端成交量占到了电商总交易额的29.7％。2015 年年初，印度移动端网购量占到了总网购交易额的20％，交易单量移动端占到了70％，印度第一大电商 Flipkart 关闭了PC 网站专注于移动端购物。移动端正来势汹汹地占领互联网交易的端口。

移动端发力，让零售商迎来了黄金时代。借助移动端，零售的形态更加变化多端，实体店扩展到线上，消费者的购买地点更加灵活，购买时间不再受限。线上线下的转换不再生硬，缝隙变得越来越小，零售商在两者之间的转换更加灵活。

移动端实现了消费者自由自在购物的梦想。

随着碎片时间的增多，人们越来越喜欢在做一件事的同时兼顾另一件事，"一心不可二用"看样子要成为书本上的一句古训了。消费者希望随心所欲地做事，不受时间的干扰和地点的约束。生活节奏的加快，人们的时间被挤压得越来越少，也越来越碎，消费者对便利的需求更为迫切。实体商圈也处处体现着便利为王的法则，近年便利店的业绩一直较好，在哀鸿遍野的实体零售圈的表现格外抢眼，这就是便利法则的应用范本。

移动购物场景的完善让购物变得轻松有趣。各大电商都针对移动端调整了页面设置和商品展示情景，以便更符合消费者的浏览习惯。许多移动端的设计比 PC 端更方便、更快捷，这让消费者迅速对移动端产生了依赖性。消费者习惯的养成为移动端迅速聚集了大量人群。有消费者在,就有市场在;有市场在,就有生意在。

移动端是互联网时代的一个重要切入口,实体零售商要找到这个切入口,挖掘出自己的一片蓝海,顺势而为,否则就会被潮流抛弃。

实体零售商在移动端进行了多种尝试,尝试的路径不同,深浅不一,但都把移动端作为重要的发展方向是不争的事实。

销售型。这是仅以销售为目的建立的移动终端,承担的功能就是销售,并无太多其他繁杂的功能。销售主导了一切,这样的零售商移动端并不能给消费者带来太多乐趣,消费者的注意力集中在商品与价格方面,双方的情感交流也限于商品交易。销售型的移动终端相当于实体零售商的另一个展架,仅是多了一个展示的渠道而已。许多实体零售商在移动终端建立的大多属于这个类型,有用但有些无趣。

社交型。社交型移动端不仅仅是销售商品,还能与消费者互动交流沟通,与消费者建立良好的情感链接,吸引消费者频繁地光顾。社交型的移动端犹如一块巨大的磁石,它的魅力就是吸引。

星巴克在移动端把社交功能发挥到极致。一提起星巴克,我们就会想到香浓的咖啡,星巴克的咖啡虽然味道持久稳定,但其经营思路却随着时代的发展不停地转换。2008 年,星巴克就在"我的星巴克点子"上收集了顾客近 15 万条建议,这为星巴克的创新提供了灵感。一切以顾客为中心,这些来自顾客的创意让星巴克积极应对现实的变化,将星巴克的移动端打造成最受消费者欢迎的 App 之一。顾客只要在星巴克 App 上确认自己的位置,下单购买后,配送员就会把一杯温度适宜的咖啡送到顾客手中。2012 年,星巴克在 App 中增加了叫早功能,这原本是一个平淡无奇的功能,因为闹铃服务在许多设备上都可以轻易完成。但星巴克做的事情要有创意得多。顾客在 App 上设置闹铃，起床后按下起床按钮后，如果能在一个小时内到达就近的星巴克店内，就可以凭早起记录买到一杯打折咖啡。如果没有按时到达，则取消打折优惠。这个活动一经推出，就受到了热烈响应。顾客把它分享到脸书、推特等社交平台，与朋友们一起讨论交流。星粉们的热情参与，提高了星巴克在社交平台上的曝光率。

体验型。体验型移动端适当增加 App 的功能，鼓励消费者到店体验，将消费者的亲身经历与 App 的功能完美结合在一起。

沃尔玛在 2011 年成立了实验室，实验室作为沃尔玛赶超亚马逊的重要组成部分，主要作用是创意点子的"孵化器"——重塑电商，带给消费者更多的体验。实验室在 2015 年有一个规划，在沃尔玛的移动端上新增 App Store Map 功能，即通过语音识别功能，让美国消费者在商品的海洋中迅速找到想要购买的商品及位置，以此大大提高消费者的购物效率。其实每位消费者都有这样的烦恼，一进入体量较大的卖场，找寻商品就成了一件无比耗费体力的事，如果 App 上有查找和定位商品的功能，将提高购物效率，减少找寻商品的时间，带来顺畅的购物体验。

功能型。这是实体店在移动端尽量多地满足消费者需求，就像现在的支付宝，不仅可以理财、转账，还能缴话费、水费、电费，甚至开发了社交功能。这让它的内容含量超级丰富，满足了用户的多种功能需求。

招商银行的"掌上生活"是许多招行持卡人喜欢下载的 App，在这里不仅能看到积分、还款进度，还能修改额度。这些日常使用频率较高的功能都被纳入这个 App 里。与此同时，招行还开发了其他的辅助功能,提升了 App 的内在价值。比如,每周三在"掌上生活"能抢到知名餐厅的 5 折券;平常也可以用折扣价购买餐券,还能买到低价格的电影票。这些功能的增加,提升了招商银行移动端的竞争力。

无印良品设计了"MUJI passport",这款 App 能搜索附近店铺,并针对购买记录积分。为了实现手机端和线下实体店的互通,逛无印良品的实体店铺,在手机端上签到,就可以获得积分,鼓励消费者在实体店使用手机端,也鼓励消费者在手机端查找实体店。无印良品的积分能兑换一些热卖的礼品,这无疑又提高了积分的价值含量,激发了消费者签到的热情。

新零售:微营销

各项数据都表明移动渠道发展得如日中天,如果此时实体店再对它视而不见,就会被无情抛弃。电商们也疯狂地涌向了移动渠道。显而易见的是,电商做移动渠道,有先天的基因,从 PC 端转移到移动端虽然也要改变与适应,但总归是由一个"我"派生出另一个"我"。实体店的渠道转移则不这么简单,需要实体店由一个"我"去寻找另一个"我"。茫茫人海,如何才能找到另一个"我"?

实体店的移动渠道探索之路,需要借助于外力与工具,才能走得快,走得远。

移动渠道的探索之一就是营销。对实体店来说,营销是让别人知道你、找到你、接近你的方法。看似简单,真要实践起来却并不容易。现在是自媒体时代,每家实体店都是一个媒体渠道,好酒不怕巷子深的时代一去不复返。

在传统媒体时代,实体店宣传的路径屈指可数——电视、纸媒、广播,资源有限,无法让人大施拳脚。如果说原来的宣传大多是被动的,那现在的宣传就是主动的。在社交媒体时代,人人都可以是媒体,人人都能发布信息,人人都可以自我宣传,这是一个强化自我、标榜个性的时代。实体店此时也应转换思路,快速融入这个社交媒体时代,改变思路,把借助于别人发声改为自我发声、自我营销。

微营销的起点在哪里?

"工欲善其事,必先利其器",现在可用的微营销工具不胜枚举,可供发布信息的渠道也多得数不清,各种社交平台和社区提供了多种传达信息、表现自我的渠道。对实体店来说,如何找到与自己相契合的社交平台,并不是一件太难的事情。只要深入研究,总会发现匹配的那一个。

实体店做微营销,目的不外乎两个:一是提高实体店知名度,二是提高实体店客流量。

微博

微博是一个传播平台,用来发现和引爆一些热点话题,进而提高关注度。2016年新浪微博月活跃用户数为2.82亿人,实现9个季度连续增长,这说明微博仍是当前乃至今后一个阶段内重要的宣传平台。

但现阶段实体店在微博平台的耕耘效果却并不尽如人意,许多零售商的微博处于"僵尸"状态。而较活跃的有家乐福、宜家、银泰、麦德龙等,它们均收获了百万级的粉丝。这些零售商发布信息的侧重点虽然不同,但都有共同特质,那就是活跃,保持日更量,发布原创信息。

微博运营体现企业对内容营销的定位与诉求。微博运营质量的高低,体现在内容之中,每条微博最多能写140个字,短短一段文字却暗藏玄机。

实体店运营微博需要关注以下几点。

微博的更新频率。微博的信息是流动的,一条信息发出后极有可能被掩盖。一个让人看不到新信息的实体店微博渐渐就会被消费者遗忘。要想获得粉丝的持续关注和增加新粉丝的机会,就要保持每日更新。每日更新的微博数量,不能太多,也不能太少,太多有刷屏之嫌,太少又可能被覆盖。

更新的时间也有讲究。据统计,每天午饭和晚饭后这两个零散的时间点,可以获得较高的关注度。这也符合日常的生活场景:吃完饭,刷刷手机放松一下。而晚上6到11点是一天当中受关注程度最高的时段,在这个时段发布的信息最易引起互动和反馈。这是一个针对所有关注者的统计数据。实体店在选择微博更新时间时要充分考虑到消费者的时间安排,在关注的高峰期提高发送频率。

实体店发布微博的数量和时间点,还要参考企业本身的特质和消费者的阅读习惯。比如,实体店售卖午餐盒饭,在午饭前发布盒饭的制作过程和成品展示的信息,可给那些犹豫中午吃什么的上班族们提供参考。

微博内容的组成。利用微博发布的内容不是盲目的,也不能随意。在正式发布前,实体店要设立一个定位,即以什么样的形象在社交媒体上出现,这个形象是否与消费者心目中的零售商形象吻合。有的公司把微博做成了企业的内刊,主要是宣讲公司内部的文化、流程,包括一些内部活动等。对消费者来说,这些信息毫无价值,感兴趣的只有公司的内部员工。

时刻记得微博的受众是谁,这就像要时刻记得实体店要为谁服务一样,只有找准了定位,一以贯之地执行,才能获得粉丝的量级增长。

实体零售商的微博发布内容不能随性更不能随意,内容应在设定范围之中。先说不发什么:

不发你关心但消费者不关心的行业信息。实体店经营者认为重要的信息,对关注你的微博粉丝来说可能毫无价值。他们不关心哪里关了几家店,明年的实体零售是否会降至冰点。

不发硬广告。许多公司把微博当成了推广产品的地方,那就大错特错。硬广告会让消费者产生反感,他们关注你的微博并不是想看那些对他们来说毫无价值的产品信息。

不发布敏感话题。但凡涉及敏感话题的信息应一概敬而远之。微博代表的是公司形象,而不是个人的宣泄窗口。

不发布与企业定位无关的话题。发布的内容越杂乱无章,就越无法吸引到专注的关注者。比如,实体店微博的定位是为消费者创造美好的生活,那么所有与美好生活有关的话题都可以发布,而相差甚远的话题,最好少发或不发。

不发布易引发争论的话题。热点的创造需要创意,而不是故作姿态,故意发布让人反感或者引发争论的语言。这些信息看似能获得较高的关注度,实际损伤的是企业形象。

不能总做搬运工。实体店的微博要注重原创信息的发布,老是搬运别人的内容,是无思想无动力的表现。更不要大量发布无病呻吟的心灵鸡汤,时间一久,消费者就会厌倦。

微博运营体现的是团队的智慧。一个运营得好的零售商的微博,可以提供许多借鉴:

围绕宣传定位多发布有用的信息。这里的有用是指目标粉丝喜欢的内容。家乐福的微博内容设定了几个版块,如"开心一刻",主要发布一些有趣的笑话;"星心密语"主要发布关于星座、测试的话题;"福满生活"主要是讲一些有用的小知识;"乐福厨房"的内容当然与制作食物有关。除了一些固定的话题,还有临时的话题,如七夕到来时,它就发了一段和七夕有关的文字。家乐福微博的话题虽然零散、涉及面广,但总是围绕这几个主题,看似分散,其实有核心内容。它的粉丝达到 400 万人以上,是微博运营较好的实体零售商之一。

多分享有趣的内容。购物不是一件严肃的事,提供购物乐趣的零售商在微博上同样也不能以严肃示人。杜蕾斯的微博运营一直令人称赞,它总能在热点事件中找到和产品相连接的有趣点,让人看后不禁会心一笑。著名网球运动员李娜宣布退役后,杜蕾斯发布微博"一路有李,娜就很好",除了把李娜的名字嵌入内容外,更精彩的是配图。在这条微博下面,杜蕾斯放了一张图片,上面写着"bye",其中的"y"由网球拍幻化而成,更妙的在于网拍上面扣着一个杜蕾斯产品,让人捧腹。除了创意,杜蕾斯微博还经常"急"中生智,把握热点。2011 年北京遭遇大雨袭城,杜蕾斯在微博上发布妙招说把杜蕾斯产品套在鞋子上可以防雨,立即引来了大量关注,一条微博短时间内转发过万。

多与消费者互动。消费者的留言和评论,微博团队要逐条阅读,对于有回复价值的信息,一定要转发评论,给消费者鼓励。经常与消费者互动的微博才能得到消费者更多的青睐。互动其实也是在暗示消费者，运营者希望看到他们的留言，希望得到更多的关注。这样，消费者才会有更大的热情留言与评论。

微博也是客服。一些消费者经常在实体店的微博下面留言，或表达满意，或表达不满——其实更多的是不满。如何处理这些不满呢？不外乎以下几种方式：一是私信消费者，希望他撤销评论，并给予解决；二是置之不理，任其发展；三是官方拷贝回复，比如"谢谢您的建议，我们会尽快处理解决"，就像智能机器人客服；四是针对每条意见给予个性化的回复，问题解决后，转发当时的评论，并公布解决方案。显然，第四种方式是实体零售商最有诚意的表现。微博是公开化的客服，这个客服表现如何，会直接影响到实体零售商的口碑和品牌形象。

微博像是一个舞台，作为发布信息的实体店，他们站在舞台上，但他们看不清台下的观众是谁，观众的表情是什么。因此微博的信息无法实现精准推送和个性化推送，即把有用的信息传递给真正需要的人。但微博给实体店提供了一个展现自我和提升魅力的机会，借用这个机会，实体店可获得新客户，提高关注度。

微信

微信是基于移动端发展起来的社交应用。同是社交软件，微信与微博有明显的不同。微博是在一个舞台上展示，场面宏大；而微信就像是在小剧场，观众离你只有咫尺之遥，你的眼神、表情都被观众尽收眼底。同是微营销，微信与微博营销的方式也不尽相同。

企鹅智酷发布的《2016年微信用户数据报告》称，六成以上的用户每天打开微信10次以上，超过九成的用户每天都要登录微信。微信强大的用户黏性可见一斑。有如此广泛的市场，实体零售商同样需要依托这个平台做好新媒体营销，同时要注意它与微博的区别。简单地说，微信上大家都知道你是谁，而在微博上你需要证明你是谁。微信上内容营销的重点在于提高消费者的黏性，争取更多的"回头客"。

实体零售商运营微信需要关注以下几点。

微信营销的渠道。微信不同于微博只有一个宣传页面，微信下面分设了几个窗口，一个是朋友圈，这是个人用户用得最多的功能，实体店需要把企业的信息转发到朋友圈，让更多的人看到并打开阅读，这相当于是一个广播功能。二是公众号。目前微信的公众号分为两种，一种是订阅号，另一种是服务号。这两种公号都有给订阅者推送信息的功能，但两者的展现形式并不相同。订阅号是折叠在微信信息列表中"订阅号"的二级菜单里，用户打开率较低。但订阅号可以一天推送一次信息。而服务号是直接显示在微信的一级菜单中，用户无须周折就可直接看到发布的内容，但是服务号主体一个月只能推送四次信息，发布频率低。服务号可以设定功能模块，如链接到微店、会员等，还能实现微信支付。

微信内容的运营。许多实体店都开通了微信公众号。有一个有趣的现象是，在微博上活跃度高的实体店，在微信上同样有良好的表现。也就是说在新营销渠道的建立上，实体店在各个平台基本上保持了同一水准，强的都强，弱的都弱。宜家公众号推送的头条文章基本上每篇都达到了10万＋的阅读量。在文章的下面，宜家会精选读者的留言推送出来。有一个读者留言说，每篇文章他都仔细地阅读了，这些文章让他的家变得更清爽、整洁和美好。他的留言得到了众多点赞。

宜家公众号的运营,或许能给实体店带来许多启发:

一是将产品与使用场景结合。每篇文章都有一个主题,或大或小,但都是围绕宜家的产品写文案。宜家推送过关于玄关的设计与陈设、学习空间的打造、宿舍空间的改造等,内容简单清晰,辅以陈设照片,能给阅读文章的人许多指导。为了方便消费者找到商品,许多文章的照片上都添加了商品名称、尺寸规格和价格,免去消费者找寻商品的烦恼。

二是提供生活提案,激发消费者的灵感。夏天来了,宜家推送了"夏日换装计划,打造清凉而舒爽的居室"的短文。在提案里,从窗帘、夏被再到餐桌,宜家都给出了具体的换装方案,在盛夏看到这样的建议,不禁让人怦然心动。提案与季节、时令相结合,应景对景才更能打动消费者。

三是及时发布商品优惠信息。有产品降价优惠及最新的促销活动时,宜家总是第一时间发布到公众号里,并附上降价单品的图片,原价和现价标得一目了然,扫除一切阅读障碍。

四是实体店差异化信息的推送。连锁实体零售都会遇到这样的问题,总部推送的信息无法适用于各个分店。为解决差异化,有实体零售商采取总部和分店各自为营的方式,分别设立公众号,分店独立进行内容营销。这虽然解决了差异化信息的推送,但会带来一系列问题:首先是增加了人力成本,除了总部,分店也要设立人员维护公众号;其次是内容营销人员水平参差不齐,直接的表现是公众号内容水平差异较大;最重要的一点是无法维持统一的对外宣传形象。

宜家的解决办法是,公司组织的促销活动,由公众号宣布活动方案,比如夏季产品大减价等信息均在"宜家家居"中公布,但各地分店的信息在文末列出目录，由读者回复数字代码阅读。比如想看北京宜家店的降价信息，直接回复 0101，就可看到北京店的降价商品目录。公司对外设立唯一的窗口，保证了内容营销的一致性。

五是轻松好玩。如果仅把宜家的公众号定义为产品营销窗口，那就小看了宜家公众号的营销水平。宜家公众号围绕家庭与构建美好生活这个中心，经常推送有趣的内容，比如零基础制作快手饼干、宜粉秀宜家、宜家妈妈育儿经等。这些内容虽然不一，但都有一个共同的特点，就是有趣。打开任何一条推送，都能让人看得津津有味。不管是不是头条，都能获得较高的点击率。内容之外，宜家也不忘适时地介绍自家产品，"宜粉秀宜家"栏目里，消费者家中摆设的宜家商品在文末会附有简单的介绍，品名、规格、价格，信息一应俱全，为消费者提供了购买参考。

其他微营销工具

虽然微博与微信占领了微营销的大半江山，但除此之外，零售商依然能从一些有特色的营销平台上找到借力点，比如，直播等新的社交工具的兴起，为营销注入新鲜的血液。

在法国巴黎 2017 春夏巴黎高定时装周上，Dior 迎来了首位女性创意总监上任后第一个高级定制系列大秀，腾讯视频对此次时装周进行了全程直播。据统计，直播期间有超过 66 万人观看，其中一半为"90 后"和"00 后"。Dior 通过直播笼络了一批新一代的消费者，同时也得到了一些"网红"和意见领袖的转发，获得空前关注。

再比如，豆瓣是文艺青年们的聚集地，也经常有一些社区活动。实体零售商对豆瓣并不太关注，因此也并无太多建树。但如果实体店所售的商品较有文艺范，建议可把豆瓣作为推广地之一。在那里更容易彼此找到共鸣。

微营销是零售商自我印制的名片

现在是自媒体时代，每家实体零售商都是一个窗口。自媒体是零售商自我印制的名片，是向消费者表达自我和宣扬个性的一个重要渠道。实体零售商可以通过自媒体向消费者展现一个更美好的、散发独特魅力的自己。自媒体是一个通道，实体店通过它与消费者建立更紧密的联系和更通畅的链接。那么，这张名片上的信息究竟应该如何书写？

"名片"上的名字

名字是唯一的代码。在对外发布信息时，不管是微信、微博还是其他平台，实体零售商都要使用统一的名称。有些零售商开通了多个账号，但每个账号的名称都存在差异，或文字顺序不一样，或表述不一致，给消费者造成了理解障碍，也不利于零售商保持统一的对外形象。

统一的名称，能让消费者把实体零售商在所有自媒体上的营销宣传统一起来，加深印象。如果让消费者自主识别和分辨每个自媒体的名称与账号，是在人为制造障碍。

零售商的自媒体名称要突出主体，缩短文字数量。家乐福微博和微信名称都是"家乐福中国"，宜家是"宜家家居"，简明扼要，一目了然。

名片上的LOGO

自媒体的头像选择应合适恰当，可选用突出零售商特征的视觉识别系统，便于消费者识别。比如，头像及颜色最好与实体店的

LOGO主题统一。如，无印良品的自媒体头像颜色是消费者熟悉的绛红色，与店内的标牌色和装饰色保持一致，一看到这样的颜色就让人想到无印良品。

如果实体零售商没有配套的主题色，在选取头像时要注意以下几个方面：

一是不能选取网上的图片，要自己制作。如果自身不具备这样的专业技能，可以请设计公司帮忙设计。

二是图片要简洁清晰，突出主题。因为头像空间只有这么大，过多的内容根本不能在方寸之间显现出来。

三是作为实体店的自媒体窗口，其代表着公司整体的对外形象，一旦固定下来，就不要随意更改。一个有代表性的固定头像，经过长年累月的积淀，可加深消费者心目中的印象，如果朝三暮四，只会让消费者茫然无措。要让消费者一看到这个形象，就会想到实体店的名称。一个令人印象深刻的自媒体形象，是零售商的无形资产之一。

社交链接：微店

现在正是移动端风光无限的好时候，面对消费者正在向移动端大量转移的现状，如果实体店错失这个机会，就可能会错过一个重要的趋势节点。错失一个节点，就意味着错失最佳进入时机。从实体店到移动端，不仅仅是工具的转换，更重要的是思维的转换和思想的转变。移动端风行，说明消费者更在意方便、快捷的购物方式，也更愿意随时随地分享购物心得。而微店刚好实现了消费者的意愿，既可购物，又可分享。

微店不"微"

微店,顾名思义,是微小的店铺,但其中却蕴藏着"洪荒之力"。微店可以随时提供交流与分享,并可以让人们在社交平台上分享,这是近年来它受到追捧的原因之一。微店离消费者更近。

微店的发展同大多数平台一样,先是小商家和个人商家云集,等积累到一定的流量,就会吸引更多的品牌商和大商家入驻。淘宝也曾经经历了如此的蜕变。

实体店与微店究竟会擦出什么样的火花?实体店如何借助微店的力量打造出有吸引力的移动端平台?

微店在哪里

实体零售商的微店发展,大体可分为两种形式:

一种是自创微店平台,即实体零售商依靠自身的力量开发微店App,自行设计与推广。"天虹微品"是国内较为知名的微店App,由天虹负责商品的采购、库存管理、营销图文和订单处理。它精选商品发送到手机端,店主自主选择商品分享到社交平台售卖。也就是说,天虹是店主们的强大后盾,包办了各项业务,而店主们只负责通过社交平台销售商品,从而获得一定的销售奖励。截至2016年4月,天虹微品的店主大约有19万人,其中一部分是天虹的员工。

自行开发的App助力天虹轻松实现了全员营销,这让天虹拓展了销售渠道,拓宽了销售范围。

另一种是加入微店平台。自建微店App需要资金、技术的支持,过高的要求为实体零售商设定了一道门槛。如雨后春笋般冒出来的微店平台,为零售商提供了低门槛进入的机会。实体零售商向线上发展,除了"烧钱"模式以外,也可以考虑采用低成本模式。目前的微店平台主要有以下几种。

微信商店。微信商店基于朋友圈的强大分享功能,具备得天独厚的先天条件。友阿百货在 2016 年 4 月份在微信开通了"友阿微店"。它的推广方式是先从内部筛选微店店长,然后再由他们各自发动社会人群创办微店。这种方式让友阿百货快速积累了一定数量的店长。怎样让对微店本一无所知但有意加入的人,快速地了解微店、迅速加入呢?友阿百货想了一些办法。首先,加入微店的途径简单便捷,只需关注"友阿微店"的公众号,就能成为一名友阿微店店长。其次,微店里有手把手教程,轻松让你选取上架商品,迅速开办自己的微店。最后,奖励政策明确,每种商品下面都标明奖励金额,收益情况一目了然。友阿微店简单明了的开店方式和推广方式,为自身的发展奠定了基础。友阿微店是微信商店的一种代表形式,正借助微信的强大分享功能,快速复制与传播。

有赞微店。第一次知道有赞微店,是一家出版社为了分销新书,采取了微店分销的方式,他们选择的就是有赞微店。因为是专业书籍,有特定的目标阅读群体,许多专业人士加入了他们的分销队伍。那几天这套书在朋友圈刷屏,短短几天内就卖出了 2000 多套。这是传统出版社利用新兴的售卖方式与营销方式的一次大胆尝试。有赞吸引了众多品牌入驻,比如威露士、王府井百货等。值得注意的是,许多网络红人如罗振宇、文怡等,都在有赞上面开了微店。名人的加入让有赞微店得到了进一步推广,提升了有赞的知名度。

除了以上两个平台,还有萌店、点点客等众多微店平台。这些平台的出现让微店这一新生模式迅速得到发扬壮大。微店的兴起,缩短了实体店到移动端的距离,减少了实体店到移动端的探索时间。

微店是实体店向移动渠道转移的最近路线

实体店单凭自身的力量开拓移动渠道,面临巨大的风险。投入巨大的资金和人员,未必能获得较高的回报。如果借助外力与自身的优势相结合,将是一个不错的轻装上阵的方式。

实体店借助微店发展移动渠道,将有以下优势:

资源共享。以往实体店发展线上渠道,一般要成立独立团队,独立运作。即使能借助实体店的供应链资源,线上与线下的库存也各自独立,无法互通有无,未必能获得全渠道共享。

而这些麻烦,通过微店这种方式就全然不是问题。首先,实体店不用成立单独的团队,因为微店的发展完全依托于实体店,与实体店唇齿相依。其次,所有资源都可以共享。微店并不是另辟疆域,而是为实体店扩建了空中领域,相当于多了一个分销渠道。服装品牌江南布衣建立了微店,顾客只要在微店上下单,系统会根据顾客的收货地址自动匹配一家有货的距离最近的实体店为顾客配送。在江南布衣,微店相当于一个中转的枢纽,顾客站在枢纽中心点,系统筛选库存,匹配送货实体店。

社交分享。在互联网时代,顾客不再是一个个孤独的个体,而是被一张无形的网连接起来,彼此成了可以密切交流的整体。为了满足顾客对社交分享的渴求,许多电商都在悄悄做着改变。支付宝新近的改版除了版面的改动以外,最大的改变就是加入了社交功能。使用者可以通过拍照、视频、文字记录生活,发表后,好友可以互相阅读,交流互动。实体店无法满足消费者线上分享的要求,它们与消费者之间是割裂的。微店的出现,拉近了实体店与消费者的距离,一切变得触手可及。就算实体店不在身边，消费者通过手机还是能感知到实体店的存在，并在网上分享他们的所见所闻，同时也能与其他消费者密切交流。微店让实体店的围墙从有形化为无形。在一些实体店的微店，消费者还可以发表评论，为其他消费者提供参考。

效率是一切：24 小时不打烊

在移动端大行其道、消费者购物习惯发生变化的前提下，实体店的经营模式也要随"变"而变。微营销与微店像是实体店的一体两翼：微营销负责对外宣传，提高知名度和复购率，完成对实体店的引流工作；微店提高了顾客的黏性，满足消费者随时随地购物的愿望。

实体店有了两者的助力，不用再拘泥于营业时间的限制，可随时展示销售信息，也可随时提供售卖服务。微店与微营销打破了实体店厚重的围墙，让它的身姿变得轻盈起来。

微店店长从哪里来

众所周知，每家实体店都会设立一名店长，负责店内的经营业务，但是店长的职业范围仅限于营业时间内的实体店。当业务延展到移动端以后，一名店长显然不能满足实际管理需求，当然这也不符合微店人人分销的运营需求。

移动商业时代，快捷便利的工具给人们提供了一个机会或是一种可能，那就是人人都是消费者，人人也都可以是经营者，两者之间几乎没有任何矛盾。一位朋友经常在一家母婴网站付费听育儿课，听课之余，她也参加网站举行的团购活动。团购活动由网站组织商品和发货，感兴趣的妈妈们可以将商品的链接推广到朋友圈，在其名下产生的销售额都按一定比例计入她的奖励基金里。在这家网站，她是消费者的同时，还是一名经营者，角色轻易得到了转换。

在实体店营业时间之外，那些在移动端经营和管理微店的人，其实大多来自于那些离实体店最近的人。

首先是员工。员工是最好的微店店长。员工了解运营规则，了解商品的优点，也了解顾客的心理，每位员工经过培训都可以成为一名合格的微店店长。友阿百货的第一批店长就来自于员工。他们先期在员工中选取了220名代表，经过培训后成为一名微店店长。

其次是顾客。顾客反转成为一名实体店的经营者或合作者，这看似有些不可思议。但是顾客最了解顾客，他们也了解实体店，所以角色的转换对他们来说驾轻就熟。

还有陌生人。有些人通过各种渠道了解到微店，自愿加入微店店长的队伍。笔者曾尝试下载天虹和友阿百货的微店，这两家微店注册都非常简单方便，可轻松搞定。流程的简洁、手续的简化，让招募微店店长变得更加容易。尤其是友阿百货的微店，只需加入公众号，就能成一名初级店长，销售金额达到100元以上后，可晋级为高级店长。

微店的店长招募是示范效应和传播效应双重作用的结果。一个让消费者喜欢的微店可以赢得更多的人关注和加入。

在平时，实体店要加强对微店店长的指导与培训。在移动时代，实体店与微店店长不能面对面，也不可能熟识，这给培训带来了难度。实体店可借助于多媒体手段，制作成简洁的课件或视频放到微店的附属页，店长们可自行学习提高业绩。

实体店与微店店长的关系既松散又紧密。松散在于，微店店长除了员工，更多的来自外部人士，与实体店不一定存在严格的隶属关系；紧密又在于，微店店长的收益来自实体店提供的商品，两者之间是相互依存的关系。新的经营方式，给实体店的经营和管理带来了新的挑战。

微店的商品怎么选

实体店的商品包罗万象，是不是这万千商品都要推荐到微店上，让店长们去营销呢？不尽然。"多"一方面代表丰富，一方面也预示着选择的困难。微店商品的选择可以遵从四个原则。

精选原则。选择到微店上架的商品应经过慎重考量和选择。要精选品类，而不是全品类覆盖。实体店应结合自己的特点，参照消费者的需求，选择合适的品类。比如，民生类商品和日用生活品，这些商品消费者日常消耗大，会重复购买。地方特色商品也适合在微店经营，像山东潍坊盛产著名的潍县萝卜，以口感松脆、香甜爽口而备受欢迎，但外地顾客很难买到正宗的潍县萝卜。如果零售商利用本地优势采购这类商品在微店上分销，将会受到极高的关注度。箱包、皮具等无尺码要求的商品也适合在微店上分销，免去因尺码不合适而带来售后的麻烦。

除了精选品类，还要精选品种。选出的商品不仅要受微店店长们欢迎，也要受消费者的欢迎。精选品种要兼顾四个要点：一是选择有价格优势的商品，没有价格优势就无法在浩如烟海里的网络商品里脱颖而出；二是选择少量敏感的商品，敏感商品可带来良好的口碑，是消费者快速认同一家微店的重要条件之一；三是要有利润，实体店要自留利润，也要把利润留给微店店长，利润是衡量微店能否正常运营的基准，利润少，微店店长们就失去了分销的动力和兴趣；四是选择差异化的商品,商品雷同不管是在线上还是线下都是经营的大忌,微店经营同样需要差异化的、让人眼前一亮的商品,这是吸引顾客的独门秘籍。

常换常新原则。与实体店的商品一成不变相比,微店的大部分商品需要定期更换,设定销售期限,这类似于实体店的海报。海报上的商品每两周就会更换一次,每期推出不同的商品吸引顾客。微店商品同样如此。微店商品的销售表现是一条抛物线——投入期是起点,高潮期是峰值,回落期是终止。高潮期过后,销售自然回落,如果此时再去推广分销,效果就差强人意。也可以这样理解,微店主要借助于社交平台进行推广,每个人的社交圈变化不大,商品分销过后,很难再开发新的销售机会。

符合碎片化购物需求的原则。虽然消费者在移动端停留的时间越来越长,但专注一个页面、一件商品的时间却越来越短。消费者没有耐心研究功能多、介绍复杂的商品。因此在做商品描述时,语言应尽量准确简单、通俗易懂,不能人为制造阅读和理解的障碍。

设定主题的原则。节日来临或季节更换,微店的商品也要随之变化。如节日前推出礼盒类的商品;季节转换,推出与季节相适应的商品。主题的设定可以增加消费者的黏性,打动消费者,找准消费者飘忽不定的需求点。

微店的粉丝怎么加

一个不受关注、没有粉丝的店铺就像没有水的池塘,只有死一般的沉寂。有了水,池塘才能灵动起来;有粉丝的关注,微店才能焕发出强大的生命力。

一个拥有众多粉丝的店铺能让商品传播的范围更广,传播的速度更快。微店的粉丝量能侧面反映出店铺受欢迎的程度。

对传统实体店而言，只有顾客，没有粉丝，实体店与顾客是极度松散的关系。但在移动端，粉丝显得重要无比，有粉丝就意味着有更广阔的市场，也意味着有更多的潜在销售机会。实体店在移动端，需要转换思路，努力改善顾客关系。只有通过关系的递进把顾客变成亲密的人，才能让顾客更愿意关注你，更愿意留在这里。

实体店的微店粉丝从哪里来

一家商场为推广微店，在品牌专柜、收银台、电梯甚至卫生间都挂满了微店的二维码，希望用视觉刺激来让顾客产生兴趣，进而扫码关注。线下顾客因在实体店有良好的购物体验，成为微店粉丝后，他们就更容易认同实体零售商的微店，也更愿意贡献销售额。

业绩通曾帮助苏州某表行做服务号的宣传活动。活动开始时，线下实体店准备了数百份礼品，吸引了大量顾客，同时还有线上抽奖的活动，短短两天之内，就有6000多名新粉丝加入。实体店是微店加粉的最佳地点，在这里，顾客知道你是谁，知道关于你的信息，更容易产生黏性。相对于一个陌生的微店，顾客更愿意去那些能让他们产生信赖感的实体店，实体店的微店就具备这样的特质。

在实体店吸引微店粉丝，要讲究技巧和方法。首先不能生硬，让顾客厌烦。优雅地加粉，是有态度、有思考力的实体店应有的姿态。强硬地把顾客拉进店，效果只会适得其反。其次，要有吸引顾客的措施。比如首次关注可以得到一张有期限的优惠券，以此吸引顾客在微店下单。消费行为是有惯性的，当消费者熟悉了这里的购物模式，就会不断地到这里浏览商品，产生下单的机会。

口碑效应。如果顾客认同一家微店，大多会向身边的亲朋好友推荐。把一次美好的购物体验分享给更多的人,希望更多的人能感同身受,是一件快乐的事情。我第一次在京东购物就是受了朋友的影响。朋友分享她购买照相机的经历,一再强调能货到付款,还让开箱验货,不满意还可拒收。当时电商并不发达,在网络购买如此贵重的电子产品总让人不大放心,但朋友的经历胜过任何狂轰滥炸的广告。顾客的信任与推荐是发自内心的赞美,商家要想赢得这样的赞美,首先要让自己值得被信任和赞美。

互动分享。如果说实体店只能通过商品展示自我的话,那么微店展示的途径就要多很多。微店可以让实体店在售卖商品之外,多一个与顾客沟通交流的机会,这能充分展示实体店的另一面。就像读者通过一部作品认识了作者,与作者沟通交流发现,作者完全不是作品中展现的那样严肃,竟是那样有趣、有个性,这让作者的魅力又增加了几分。实体店可以充分利用微店渠道与顾客交流,回答顾客的疑问,采纳顾客的建议,与顾客交流。一个生动活泼、让人亲近的零售商,更能引发顾客关注和喜爱。在微店,实体店可为自己定义一个社交形象,与经营商品的定位相吻合。比如经营的是童趣商品,用时下流行的"萌萌哒"形象可能更让消费者认同。

除了互动,还要分享。分享是一个输出的过程,消费者浏览信息是快速而轻巧的,厚重的内容不适合在微店分享,深奥的内容也不适合。消费者更愿意看到轻快和轻松的内容,因此在选择主题时要充分考虑到人们的这个阅读习惯和阅读喜好。一家零售商主要经营文化类产品,目标消费群大都是文艺青年,如果在微店的分享中以无厘头的语言示人,那肯定是不合适的。向消费者传达有质量的分享内容,可以获得粉丝更多的认同感。对实体店来说,有许多内容都可以在微店上分享。比如，让消费者见识一下零售商的后台操作，看看零售商如何维护运营，一件商品从引进到销售要经过哪些环节，如何采购商品等。这些类似探秘式的内容，对充满好奇的消费者独具吸引力，也更能让消费者产生信任，继而转化为支持。

在互动分享时，要时刻记得问自己：内容是给谁看的，他是否感兴趣，是否愿意阅读下去，是否能够吸引他。经常以阅读者的心态看待分享内容，才能让互动分享更适合目标阅读群。一些实体店俨然把分享当成了宣传企业文化的窗口，其实内部员工才更需要企业文化的浸染。对顾客来说，零售商的企业文化与他并无太大关系。因此在内容选择上，零售商不能以自我为中心，要以消费者为中心。

社交媒体粉丝的迁移。零售商在社交媒体上积累的粉丝，都有可能转化为微店粉丝。社交媒体与微店可互相打通，互相推荐。零售商可以在社交媒体上推荐微店，放置微店的二维码，让粉丝了解微店的运营与选品，但莫要忘记"优雅"二字。硬性推荐，强行推销，只会让人产生反感，吓跑粉丝。转化需要慢慢积累，润物细无声。一家微店经常在公众号上发布文章，文章由店主所写，内容大多与微店和商品无关，更多的是店主对世界的观察与思考，吸引了众多粉丝。但每到折扣季或产品上新时，店主会在公众号上做推荐，并附购买链接，这种无形的渗透就能轻易地实现粉丝的转化。

微店如何做到广而告之

传统零售商的优势在于线下，现在去开拓线上，这并不是他们擅长的事。微店可以帮助实体店抢占移动端资源，但如何把微店的资源发挥到极致，显然不容易。

实体店的一线员工每天都有与顾客交流沟通的机会，他们是微店最好的宣讲师。员工可向顾客介绍微店，并邀请其加入。

零售商可以给每位员工分配一个二维码，附在员工的工牌上，如果顾客愿意关注微店，只需扫一下员工的二维码。扫码后，顾客还能与员工建立一对一的联系。

顾客在微店贡献的销售额要与员工的收益挂钩，这能提高员工的积极性，也顺便解决了一个困扰多时的问题——实体店如何平衡好线上与线下的收益，让实体店员工更愿意把顾客介绍到线上。如果收益分离，员工就不太愿意让顾客到线上购物，因为这会减少他们在线下的业绩。只有将线上与线下销售并轨，让顾客无论在何处消费，都计入员工的业绩，这样才能让员工愿意推广微店。

实体零售商的线上与线下是一个不可分割的整体，只有两者互为依托，互相引流，互为借鉴，才能将实体店的优势发挥到最大。

微店在做推广时，粗暴简单的方式也许会累积原始粉丝，但这些粉丝是否转化为顾客，却是一个未知数。朋友圈一度盛行集赞领礼品的活动。虽然活动方式简单，可操作性强，但不一定能吸引到优质潜在的顾客。集赞活动虽然增加了曝光率，但这样的曝光率大多是无效的。许多人点赞时根本没有关注内容，相比阅读内容，他们更愿意做"点赞"这个动作。

只有通过有质量的内容输出提高关注度，才是吸引消费者的不二法门。消费者希望被内容感动，获得感同身受的体验。

提高微店的活跃度。实体零售商在线下需要用促销活动、主题活动等形式维持实体店的活跃度，借此表现实体店的活力，微店也同样需要。可以利用移动端的先天优势，通过问答、分享等方式与消费者互动。

购物不仅仅是消费，更是社交。在移动端，购物不再是一种单纯的个人行为，它是一个消费群体之间的互动。消费者愿意在社交平台上分享自己的购物行为和购物收获，以此来表达自己的消费主张。一个消费者背后链接的是一个消费群体。微店提供有情感的购物氛围，或者是有个性、有特色、有品质的商品，或者是引发一个话题，给消费者提供分享的素材，引发分享的意愿，只有这样才能创造更大的影响力。通过消费者的分享，微店能得到更多展现的机会，得到更多人的关注。

消费者购物后，应尽力鼓励消费者用文字或图片的方式展示商品使用中的情景，让更多人得到参考。微店也可以把收集到的买家秀放在商品详情里，展示商品多姿多彩的一面，引起其他消费者的共鸣。

微店是最大化的资源共享

对实体店来说，微店是全渠道发展的一种解决方式，能轻装上阵，运营成本低，营销推广的成本也低。微店可以与实体店最大化融合，最大地解决实体店线上发展的困扰。微店不是与实体店对垒，争夺份额和销售额，而是共同开创移动端的体验方式，共享共赢。

时间共享。实体店在营业时间之外很难再有大的作为，营业时间的结束相当于售卖的终止。实体店开辟微店渠道之后，充分利用了闭店之后的时间，不管是黎明还是黑夜，都能一直开门纳客，消费者不会因为闭店时间的限制而终止购物。

供应链共享。作为实体店的附属存在，微店不用再去开发新的资源，可完全借用实体店的供应链为其所用。同时，省去开发成本和时间成本，快速解决实体店线上发展的渠道问题。

库存共享。微店不用另外建立库存中心，可与实体店共享库存，实体店就是微店的后方补给。

与建立独立的电商系统不同，微店业务都紧密地围绕在实体店周围，相当于实体店多了一条腿走路。

新零售实体店转型目标：商品通、会员通、服务通

阿里巴巴在 2016 年年初的时候，提出了"商品通、会员通、服务通"的全渠道解读，旨在打造阿里巴巴独特的全渠道体系，更好地满足消费者需求，提供更好的购物体验。

零售的本质都是相通的。这"三通"可为实体店的全渠道探索提供借鉴，也可让实体店少走一些弯路，最大化满足消费者的需求。

这"三通"的根本，就是理顺消费者在不同渠道购物的接口，做好无缝链接，通过零售商的努力，减少消费者全渠道购物的障碍与麻烦。

商品通

消费者在向同一品牌零售商购物时，不管是在移动端还是在 PC 端，或是在实体店，都希望能得到一致的购物体验和同样的品种选择，不会因渠道的不同而不同。

品种的一致性。这并不是说实体零售商在任何渠道都要经营同样的品类与品种，而是说要达到品种与品类的互通。顾客想到零售商的某个渠道购买商品，如果这个渠道不销售，但在其他渠道有售，零售商必须通过内部资源调配，让消费者不转换渠道就可以买到想要的商品。这为商家提出了一个巨大的难题。这个难题的解决必须

建立在所有渠道的库存共享之上。只有库存共享，才能快速解决消费者的购买需求。如果 A 渠道没有货，B 渠道有货，接待顾客的 A 渠道服务人员就要通过内部指令快速调到 B 渠道的库存，通过可选择的物流方式配送到消费者手中。服务人员是指令的发送者，内部系统是指令的接收者和传递者，商品通过指令流转到达指定地点。零售商通过内部机制快速响应，相关部位联动。在这个过程里只有消费者是不动的，可以在一个渠道坐等货来，不需奔波与周折。消费者只要在零售商的某一个渠道，就可以得到全渠道购物的便利。

品种的同步性。原来许多品牌商把电商渠道当成了折扣商品的集散地，但现在这种现象渐渐得到了改观。品牌商越来越重视电商渠道，保持了线上线下同步更新，这样的改变增强了电商的吸引力。实体零售商在渠道建设时，不能人为弱化某一渠道的功用，把它当成另一个渠道的附属。所有的渠道应保持同一步调，这样才能保持零售商统一的对外形象，形成竞争力。

价格的同一性。价格最有吸引力，如果零售商的所有渠道实行不同的价格政策，就如同一个人左右互搏，自行耗费体力。但零售商在不同渠道可以实行有策略的价格政策。在移动端或 PC 端，为了鼓励消费者多量购买，提高客单价，降低配送成本，零售商可以通过满减活动吸引消费者少次多量购买。各个渠道可以针对不同的渠道特性，组织不同的促销活动，展现不同的渠道活力，但价格同一性的核心不能动摇。

会员通

实体零售商在线下积累了大量会员，他们大都由原始的方式积累起来。各家零售商都有自己的会员卡，消费者钱包里的卡越来越多。但现在随着移动端的盛行，许多人出门必带手机，钱包倒成了可带可不带的物品。钱包里的会员卡露面机会渐少，使用得少，相当于会员卡的功用在弱化。在当前形势下，零售商需要转化会员管理的思路。

会员管理电子化。实体零售商电子化管理会员将是一种趋势，它减轻了消费者出门的负担。消费者手中的会员卡片少则几张，多则几十张，不光携带不方便，还易丢失，许多消费者宁可弃用，也不愿意携带出门。会员电子化还利于数据的统计与积累，消费者可随时查询卡内的积分和优惠信息，而商家也能及时分析消费者的购物习惯；新会员加入也不用再填写繁杂的表格和出示相关证件，只需扫码就可以入会，入会门槛降到最低。

线上线下会员的统一性。实体零售商要统一各个渠道的会员资源，统一识别会员身份，只要是同一个人，在零售商不同的渠道购物应记入同一个会员信息。要做到这一点，零售商首先要打通各个渠道的会员信息，识别他们。会员身份的唯一性，对会员积分累计、优惠政策的获取均有帮助，能鼓励消费者多渠道购物。

电子会员的用途开发。会员电子化后，对零售商来说，会员管理的空间变大，不再拘泥于实体卡片的固定模式。

零售商可以根据消费者在所有渠道的累计消费金额，发放不同级别的优惠券，分析消费者的购物行为。如果在线上购物金额多，则发放一些线下的优惠券，通过优惠政策尽量扩大消费者的购物范围，争取消费者多频率光顾零售商不同渠道的实体店。反之亦然。

鼓励会员互动，通过签到、问答等方式与会员交流，让会员主动获取除了购物之外的积分，积分可以兑换各种礼品和优惠券等。

此外，零售商还可以开发其他功能。广州太阳新天地商场在2015年建立了自己的会员平台。在这个平台上不仅可以查询积分，还能兑换积分礼品、查询车位、停车缴费、排队就餐、买电影票，会员卡的功能发挥到了最大。

服务通

服务是零售的本质之一。消费者对服务的重视超过了零售商的预期，零售商在各个渠道的服务水平也决定了消费者的渠道依赖性。实体零售商可以利用实体店积累的口碑与信任优势，提升各个渠道服务水平，建立统一、良好的信誉。

消费者在线上渠道购物后，如遇商品质量问题，是否可以在实体店得到解决，对零售商来说是一个巨大的考验。如果实体店全程包揽其他渠道的售后服务，无疑会解除消费者购物的后顾之忧，但同时也会带来一系列麻烦与烦恼，比如增加售后成本。但实体店可以有选择地分担一些线上渠道的售后服务，比如家装产品的安装和家电产品的送货。随着这些后续问题的解决，消费者将更加信任零售商的移动端和 PC 端渠道。

线下实体店对服务的诠释具有得天独厚的优势，消费者在实体店看得见商品，看得见服务人员，沟通顺畅，几乎不用费太多力气，这也是许多消费者选择线下的原因。消费者虽然看重商品的价格，但服务同样是不可缺少的因素。尤其是对服务要求比较高的品类，如安装类商品，消费者更看重服务的全面性。最近亲身经历了装修过程，我深深感到在网络购买商品的售后服务确实不如在实体店让人安心，需要不停地沟通。许多环节衔接不到位，让消费者在中间来回奔波。在实体店购物，售后服务方面则省心得多。实体店的售后服务是优势所在,渠道拓展后,不管是在 PC 端还是移动端,都要秉持为消费者提供便捷服务的初心,不能因为渠道的不同而失去最初的优势。

会员社交,建立亲密伙伴关系

实体店对顾客进行数字化管理是当务之急。在没有完全建立数字化管理平台之前,实体零售商大都以传统的方式吸纳会员,会员是分散的。只有把传统的会员转化为电子会员,才有可能做会员社交。

在传统模式下,实体零售商与会员几乎没有互动,仅限于定期向会员发放纸版海报,让会员了解最新的活动信息,或者组织 VIP 会员沙龙活动。而在社交媒体大行其道的当下,会员每天都接触浩如烟海的信息,实体零售商的有限信息很快就会被淹没。但在新条件下,实体零售商与会员的互动方式有许多想象空间。

首先,降低吸纳会员的门槛。在天猫,许多品牌的旗舰店需要有消费记录才可能成为会员。实体店可降低会员标准,拆掉先消费再入会的门槛。为什么要把会员门槛降低呢?这是因为此时的会员与传统意义上的会员已经有了不同。现在的会员是实体店社交媒体的关注者,对于关注者,当然是越多越好,以增加信息传播的机会和消费转化的概率。

其次,精准推送信息。会员电子化后,每个会员的消费特征都可以在后台提取。比如可以看到消费者经常购买的品牌是什么,有什么样的品质需求,对哪类商品更感兴趣。零售商灵活运用这些数据,能达到更好的推送效果。某个品牌有季末折扣信息,零售商可以选取购买过该品牌的顾客进行重点推送。如果要细分，那就选取对折扣商品更关注的顾客进行推送。读取的数据条件不同，推送的顾客群也不一样，这样能提高推送的转化率。

除了社交媒体的推送，也要兼顾传统方式的运用。在天猫，许多购买过的品牌在有促销活动时会给顾客发送手机信息，提醒其关注与购买。多条路径并举，创造更多传递信息的机会。

还有，给会员最想要的。会员最想要什么？据亚马逊的一项会员调查数据显示，他们最想要折扣。其实不只是亚马逊会员，全天下会员都是如此吧，实体店的会员同样不例外。实体店向顾客推送信息以求提高复购率，但顾客只想知道，他们能得到什么优惠措施。

美团外卖在顾客下完订单后，立即就会向顾客发放一张优惠券，这张券必须在极短的时间内用掉，否则就要失效。为了让优惠券有效，消费者可能不时地去美团外卖下一单，或者把优惠券分享出去。大家互相在社交圈分享，其实提高的是美团的曝光率。

京东每月上旬都会向一定级别并且购书达一定金额的勋章会员发放自营图书满减券，这一做法通常让许多读书爱好者在各个社交媒体上奔走相告。京东借助优惠券提高了用户的黏性。许多人都坦言，正是因为京东的优惠券，他们才把购书地点转移到了京东。优惠券帮助京东实现了对购书者的抢夺。

优惠券的好处在于可以设置发放数量，选择发放面额和发放人群，同时还能激起消费者使用优惠券的积极性。对得到优惠券的顾客来说，尤其是得到设置门槛的优惠券，就像一个潜在诱惑，总想把券花出去。这无形中增加了销售机会。

实体店也可以向会员敞开发放优惠券的窗口，采用定期、有条件发放的形式,让会员或部分会员得到优惠券。能得到优惠券正是消费者加入零售商会员的初衷。

最后,趣味娱乐至上。在会员平台上可以多设置好玩有趣的场景,让消费者乐此不疲地光顾会员平台。如问答、抽奖、签到、积分返利,还可以设置寻宝等小游戏,通过这些外在的形式与消费者建立更紧密的联系,让尽可能多的消费者感受到实体店的温度。

如果说在传统时代,实体店还可以对消费者的反馈、意见、心声置之不理的话,那么在社交媒体时代,这样做就等于自埋地雷。社交媒体上,所有言论与行为都可能被放大传播,一个小的疏忽就可能酿成社交大事件。实体零售商在社交媒体上的一言一行,代表着官方态度与处理方式,或让消费者集体簇拥,或让消费者集体反感。

一个在线下拥有众多实体店的知名品牌,在其官网成立一周年之际,在社交媒体上举办了请消费者提建议的活动,许多消费者热心参与,活动举办方承诺只要提建议的网友都可以获得一份小礼物。但这件事过去了半年之久,礼物迟迟没有寄到消费者手中,只要这个品牌在社交平台上发布信息,下面就有询问奖品的人,但品牌方一直置之不理。这激起了一部分消费者的愤怒,不停地留言询问奖品事宜,给品牌方的社交形象造成了干扰。

实体零售商应学会在社交平台上与消费者互动,不能冷漠自负,无视消费者的需求与要求。消费者在社交平台的留言、问题,零售商要成立专门收集的部门,并建立反馈机制,定期回复消费者。回复的时候最好用转发的形式把原有信息一并发布出去,以便后来看到的人了解整件事的来龙去脉,树立对零售商的信赖感。

零售商应增加与消费者互动的机会,鼓励消费者参与,创造机会让消费者互动与互助，在社交平台上打造一个与消费者密切联系的社交圈，把温暖传递给更多的消费者。只有消费者愿意在这里聚集，也愿意看到它发布的信息，才更愿意把这样的信息转发出去。

借助社交媒体的放大力量，零售商会有机会接触到更多的消费者，而这部分消费者有可能转化为品牌的传播者。

2017 年年初，休闲食品"良品铺子"的一则活动刷爆了朋友圈。这则活动设计简单，参与性强，有较强的传播力和吸粉力。它宣布招募 500 名美食品鉴官，参加者只要生成专属的报名海报，并获得 12 位好友的扫码支持，就有报名资格。这个活动一个月之内为良品铺子吸引了 300 万粉丝，创造了涨粉的奇迹。

分析良品铺子的这则活动方案，主要是抓住了消费者的参与热情。美食品鉴官能有机会品尝到许多美食，这让人心动不已，而良品铺子的顾客群大多是"80 后""90 后"，对他们来说，有机会品尝到各种美食是一件令人向往的事。参与者的热情高，就能带动更多潜在粉丝加入。招募海报在朋友圈高频率曝光，为良品铺子做了免费宣传。

一则好的互动活动，光有零售商的热情是不够的，还要激发消费者的热情，让他们参与进来愿意为零售商刷屏。但如何才能调动消费者的热情？这本身就是一个难题。消费者的热情在哪里？

第一，互动活动一定得是消费者喜欢且无负担的。有些零售商的互动方案，力争要把实体店的利益最大化，但消费者的参与热情却不高。比如一个常见的活动方案是写上零售商规定的一句话，发送到朋友圈，并把截屏上传到零售商的后台等待抽奖。零售商知道的是许多人按要求参加活动，不知道的是，他们随后就删除了发在朋友圈的信息。因为他们觉得零售商的活动与他们在朋友圈的形象不符。

第二，互动方案应是简洁且简单的。零售商要学会用简单轻松的语言表述出活动内容，让消费者看完就能立即明白互动要求。消费者在碎片化的时间里不会也不可能去认真地研究方案，如果第一时间打动不了他们，他们就会立即转身，绝不留恋。

第三，互动不是一个人的独角戏。如果零售商沉浸在自我营造的氛围里，全然不顾消费者的喜好与心情，那就只能独乐乐了。零售商的互动应该是和一群人的交流，把温度传递给消费者，鼓励更多的消费者参与。

良品铺子在社交媒体上与粉丝互动频繁，主题大都与美食相关。比如，抽奖是良品铺子在新浪微博上最常用的一个活动方式，每次找一个主题，设定简单的规则，吸引消费者参与。中秋节前，良品铺子设定的方案是让消费者在旗舰店寻找喜欢的月饼口味，并附上和家人团聚的照片，就可能获得良品铺子送出的四枚月饼——这其实是引领粉丝向旗舰店转移，粉丝们在旗舰店寻找喜欢的月饼时，可能就转化为消费者，顺便带走一些商品。一举两得的效果，不禁让人拍手叫绝。提高社交媒体粉丝的转化率，这是一个不错的范例。

视频和直播成为社交媒体的新宠。根据新浪微博发布的 2016 年第二季度财报，二季度新浪微博上自媒体视频日均发布量比一季度增长了 38%，视频日均播放次数更是环比增长了 235%。良品铺子也搭上直播视频的快车。在 2016 年欧洲杯期间，良品铺子和斗鱼直播平台合作，制作了《花式秀吃看球零食桶》，总播放量达到了 15 万次，看球零食桶也提前完成了既定销售目标。2016 年 8 月，他们还制作了《大胃王挑战赛》，3小时的观看人数超过50万次。

良品铺子把社交媒体做得如此精彩，也给了实体零售商启示——一定要在人群聚集的最前沿与消费者互动，采用先进的互动技术与手段，时刻带给消费者新鲜感和满足感。学会引领消费者，而不能跟随消费者。你走得慢了，消费者就到引领他们的零售商那里去了。

员工社交，离消费者更近。

在移动端风行天下、各种社交媒体层出不穷的当下，实体零售商需要不断地改变和创新，才能与时代相融，与消费者相拥。实体零售商的员工们也要适时改变，改变惯有的思维模式，改变与顾客打交道的方式，重新认识消费者。

转变是悄悄发生的。卖菜的小贩也在搞微信营销，凡是买菜的顾客他都建议扫码加微信，声明不会乱发信息，每天只把菜品和菜价上传，方便顾客选购，顾客可以通过微信订购蔬菜和水果。小贩在销售的最前沿，了解顾客最需要什么，所以大多顾客都按他的要求加了微信，还经常有人在微信上跟他预订蔬菜。

一线员工每天密切接触顾客，了解顾客的需求和潜在需求，从某种意义上来说，他们就是顾客的代言人。零售商要创造机会让员工与顾客建立更紧密的关系，让每位员工都成为零售商的一个社交渠道。

有着85年历史的化妆品品牌百雀羚也在寻求转变，他们在电商平台成立了一个叫"万万没想到"的部门，用于搜集顾客的信息、建议或需求，然后根据实际情况挑选并满足顾客没想到的需求。该部门的员工得知一位顾客即将结婚，就在她结婚前夕寄去了花生、红枣、桂圆等有着美好寓意的礼品,顾客收到后惊喜异常,说是万万没想到。据说,顾客还邀请接待她的客服参加婚礼。一对一的社交,给顾客惊喜,通过顾客的主动传播产生更大的效应,这是员工社交的一个完美案例。员工社交是一座桥梁,拉近了消费者与零售商的距离。

员工社交不是由员工自行摸索,而是零售商要建立员工社交体系,制定规则与章程。员工社交大致要考虑以下几个方面:首先,可以为每位员工分配一个二维码附在工牌后面,方便顾客扫码。二维码是员工社交的唯一身份标志,如果员工离职,二维码就要收回,转给下一位员工。其次,用知识武装员工,与时俱进,创造机会让员工了解最新的社交媒体知识和营销知识,同时也要注重专业知识的培养,让员工成为消费者最贴心的客服。最后,分配会员,每位员工维护一定数量的会员,与会员建立长期社交联系。

零售商可设定一个范围,员工在与消费者互动时,主要围绕这些话题,如果让员工天马行空、漫无边际地与顾客交流,可能就会偏离主线。

员工社交互动的话题可以是:

实体零售商营销活动的宣传。如果不主动告知,顾客大多数情况下并不了解零售商的活动。零售商的宣传渠道不一定是消费者关注的,就算关注,也未必能及时看到。通过员工的宣传发布,信息的推送将更加准确。零售商要定期告知会员的消费习惯、消费水平和消费范围,这些都有助于员工更精确地送达营销活动信息。

让消费者看到不一样的零售商。对消费者来说,零售商是有一些神秘的,他们想知道营业现场的背后发生了什么事情。员工可以分享一下工作照片、聚餐照片、办公环境照片……这些都能满足消费者的好奇心,也更容易建立信任感,让消费者看到更真实的零售商。

个性化话题。 比如,异常天气,向消费者发去私人问候,让消费者注意安全;消费者生日,发去一份独属于他的生日祝福。这些都会让他备感亲切,让他感受到来自零售商员工的关爱。

员工社交同样有禁忌:

首先,与顾客的互动不能太频繁,以免打扰顾客的工作与生活。只发送对顾客"有用"的信息,其他时间应是沉默的。

其次,对于顾客的请求与帮助要快速回复,而不是置之不理。

最后,记住此时员工是零售商形象的代表,而不是个人情感的表达渠道。

员工通过社交媒体与顾客互动,能第一时间听到顾客的反馈、建议和问题,这可以帮助实体零售商根据顾客的反馈尽快调整步伐与经营方式,用最快的方式适应消费市场的变化。而员工在与顾客的互动过程中,也可积累自己的社交口碑,建立鲜明的个人品牌形象。

实体零售的极致用户体验

实体零售探索的脚步从未停止。每个商家都希望能找到适合的发展之路。但发展就是这样,一蹴而就的可能性太少,更多的是边实践、边摸索,边失误、边总结。

这样的探索没有终点,也没有一成不变的模式,而是随着消费者而变,这是实体零售转变的大方向。消费者的认同,将是最大的褒奖。

实体零售的 O2O 之路：想说爱你不容易

O2O 自诞生之日起就伴随着质疑，同时也被寄予希望。O2O 大热之时，实体零售商不管大小，都争相与其靠近，仿佛只要沾了这三个字的边，就找到了武功秘籍。而其实大多数人并没有因为秘籍在手而有巨大的改变。O2O 这一路走来，究竟发生了什么？实体零售 O2O 的软肋究竟在哪里？

仅从字面意思解释，O2O 似乎并没有太深奥的道理。从线上到线下，简单得不能再简单，但真要实践起来才发现，这背后蕴含了太多丰富的实践心得。实体零售只有找到合适的切入点，才能真正搭上 O2O 的这趟快车。

O2O 一度成为"烧钱"的利器，不管是商业"大佬"还是普通的实体零售商，都前仆后继地向 O2O 冲去，但当资金掷入旋涡之后，瞬间变得无影无踪。在这场线上与线下融合的大战面前，只有冲动肯定不行。

拥抱 O2O，到底出现了哪些问题？

首先是贪大求全。在构建 O2O 的过程中，实体零售商设定了美好的场景，寄予了太多的希望，一开始就投入大量的资金与人力。但真正投入进去才发现隔行如隔山，一旦盲目地开始，就会需要大额且持久的投入。这些投入可能还会拖累零售商主业的发展，这对以实体业为根基的零售商来说是雪上加霜。

在资本的推动下，电商呈现一片欣欣向荣的表象。但随着投资者逐渐冷静和清醒，对 O2O 的投资也由狂热渐渐归为理性，一大批

O2O 电商倒在了通往黎明的路上。截至 2016 年上半年,拿到投资的数千家 O2O 企业,只有 1/4 能进入 B 轮,其余的均处于消亡或即将消亡的窘境。[①]

其次是未找到清晰的战略规划。在与线上融合的过程中,对于究竟要实现怎样的愿景,大多数零售商是模糊的、不明确的。他们一开始并未有太多的规划,只是随波逐流,看到 O2O 如日中天,便担心如果此时不参与其中,就会错过一个重要的机会,但在融合过程中是否明确了战略目标,是否找到具体可行的方式,这些都被放在了次要的位置。本末倒置让实体零售的 O2O 之行更加茫然。

再次是未找到赢利模式。仅用"烧钱"的方式获取流量,一旦资金投入停止,补贴消失,消费者的热情骤减,流量立即降至低点。消费者暂时的热情造就了虚假繁荣。用补贴换流量并不是长久之计,也无法构建长久的赢利模式。急功近利的推广方式让许多 O2O 合作昙花一现,没有利益的合作最终都要走向终结。

最后,所有的急功近利都是由人来推进的,人是决策者。许多经营者后来坦言,在向 O2O 大举进攻之前,许多人都没有弄明白它的真正含义,大都是跟风而上,成为概念的炒作者。O2O 在于线上与线下的融合,而融合之路并不是简单的 1+1=2,但许多经营者未从根本上思考 O2O 的出路在哪里,企图用时间制胜,抢占先机。但如果只有先机,未有切实可行的措施,那么最后只会把先机拱手让人。

OSO 出路:用服务创造连接

作为一套结合当前 O2O 模式与 B2C 电商模式,再把用户体验和

---

① 匆匆离场的创客们逐渐冷静的投资人不和 O2O 玩了. 投资者报,2016-09-12.

服务纳入进来的新型电商运营模式 Online＋Service＋Offline（线上商城＋直接服务＋线下体验）即 OSO，不是简单的线上购买、线下体验，而是通过服务，将线上、线下连接起来，突出服务的纽带关系和重要性。OSO 的重点在于"S"，两头的"O"为其侧重点，通过服务使线上与线下体验趋于融合，形成通路（见图 4.2）。

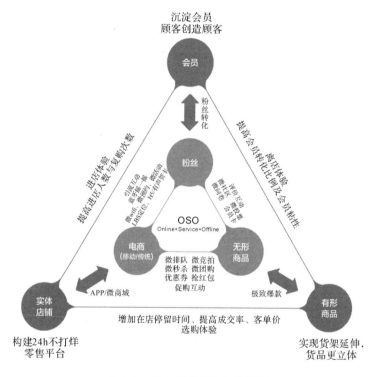

图 4.2　OSO 无缝零售体验模型

OSO 并非全新的商业模式，而是借助移动互联网，为零售连锁企业提供的人、货、店连接解决方案。OSO 是聚焦用户的真实需求，倡导以创新服务体验为主，连接线上与线下、品牌/产品与粉丝、店铺与用户等的解决方案,旨在让企业 O2O/全渠道模式更体现用户价值,而不仅仅是渠道扩张的价值,实现经营顾客关系,实质是客户关系的管理(CRM)。

所以在 O2O 以及全渠道形式下,走在创新前沿的零售商能够获得更多的制胜筹码,这种创新体现在以技术以及数字化为主导的创新领域,通过技术革新以及消费者流程的革新来打造更有意思的体验。

线上与线下融合是一条必经之路,未来这条路可能还要走得更远,但不管方式怎样推陈出新,线上与线下融合的本质不会改变。就算前面历经失败,也不会终止这条路的探索。

经过前几年的高潮与低谷后,O2O 也渐渐回归理性。从业者开始用理性的商业思维来探索本质,去除浮躁,专注于经营本身。

线上与线下的真正融合在于互联网基因的融合。如果所有的融合仅体现在计划书和口号标语中,这样的融合就是假象。从前期的大量失败案例可以看出,线下就算试图与线上融合,也会存在脱节状况,许多地方都会变成制约。一家零售商说,在推进 O2O 之路时,没想到信息系统会成为最大的障碍。系统的更新与完善需要大量资金支持,而且要打造一个为我所用的系统,还需要时间的付出。在金钱与时间的双重考验前,许多零售商踌躇不前,怕资金打了水漂,又怕时间紧迫,所以只得先看重融合的形式,而来不及真正注重融合的内容。这种似是而非的融合其实并未真正探明 O2O 的真谛。

线上与线下的融合首先要做的是不能严重脱节。在零售商的引导下,消费者在不知不觉中完成渠道的转移,而不是零售商时时刻刻提醒消费者要从线上转移到线下。所以,只有用心打造一个顺畅的渠道转移过程，让消费者乐在其中，消费者才会自愿跟随零售商走O2O之路。现在外卖大行其道，得到众多拥趸，原因就在于消费者有便利的需求，希望足不出户就能吃到可口的饭菜，解决一时之需。而消费者订购外卖也极为方便快捷，只需在网络下单，就能订到一份来自实体餐馆的饭菜。在平台的引导下，线上与线下的转换快捷方便、结合紧密。零售商就应让渠道的转换"润物细无声"，让消费者感到惬意，而不是不便。

找到后续的赢利模式。走O2O之路不能图一时之快，如果没有建立持续的赢利模式，最终会功亏一篑。赢利模式的建立避免了实体零售商在探寻O2O时的盲目性。京东到家在2017年2月关闭了一些上门服务类业务，如保洁、家政，主要保留了超市生鲜、零食烘焙、鲜花等业务。京东到家之所以缩小了业务范围，是因为他们通过观察发现，消费者更愿意在京东到家上购买这类物品。及时调整营业范围，一方面是为了适应消费者的购买需求，另一方面更是为了聚焦主力业务，关注盈利点。传统零售商在建立O2O业务时，也应及时根据市场的变化调整策略。

沃尔玛建立的"速购"平台在深圳运营后，准时送货率达到了98%，这成为"速购"的一个关键指标。沃尔玛也把这个指标推广到其他城市。准时送货率是沃尔玛对网上下单顾客的一种承诺，顾客对于准时送达也极为关注，他们希望下单后，能及时地取得商品。传统零售商应找到在竞争者林立的O2O市场的立足点，利用自身的优势，更好更快地为消费者服务，与消费者的潜在需求相契合。

传统零售企业在探索O2O这样的新事物时，大多是小心移步，但收效甚微。数据显示，传统零售商开展多渠道、全渠道、O2O，目前所取得的市场地位仅为 9.9%,①也就是说,除实体本身之外,其他渠道的拓展正处于摸索阶段,并未取得太大进展。但原始阶段的积累也极为重要,这是经验、眼界和阅历积聚的过程。

实体是立身之本。在面对 O2O 这样的新事物、新形式,实体零售商在探索时,应时刻把实体店铺放在重要位置,因为这是向外开拓的重要根基。线上平台的建立与发展,是以实体企业本身为基础的,就如一株枝繁叶茂的大树,实体企业本身是根,向外伸展的枝叶都基于根系的发达。只有根系扎得深远,才能长成繁茂的大树。平台再发达,线下实体做不好,只是海市蜃楼,终不会长久。因此,实体零售在进行多元化渠道经营时,不可舍本逐末,过分注重外在而忘记线下的经营与耕耘。

对实体零售来说,线上与线下的结合是一个闭环。通过线上取得客流,然后在线下取走实物,在这个闭环里,消费者最终要回归到线下。在线上取得再多的客流,如果线下的商品与服务未能跟进完善,令消费者满意,最终还是会遭遇失败的结局。现在,大多数人都认同实体零售不能再拘泥于实体企业本身,要有向多渠道拓展的发展战略。这样的发展战略并不是实体零售商凭空想象出来的,而是与消费者的消费习惯吻合,与消费需求匹配的。麦肯锡发布的《2015年中国数字消费者调查报告》显示,71%的中国数字消费者已经在使用 O2O 服务。消费者的消费习惯已经被培养起来了,如果不去主动迎合消费者,就可能被消费者遗弃。因此线上与线下的探索会一直持续下去。

---

① O2O 浮华散尽实体零售的路该怎么走?. 中华网,2016-05-24.

案例4.1

融合互联网基因,亚马逊市值超过八大实体零售总和

据外媒消息显示,美国东部时间2017年1月27日,亚马逊股价835.77美元,市值3983.79亿美元。根据一份曝光的报告显示,亚马逊的市值已经超过了美国排名前八的传统实体零售商市值的总和。这意味着美国提前进入了马云所说的"新零售"时代了!

亚马逊除了线上,现在也做到了线下。

随着互联网的发展,亚马逊的市值水涨船高。10年前实体经济高速发展,与当时美国零售商店的市值相比,亚马逊就相对"逊色"了很多;不过现在发生了变化,亚马逊变得越来越强大。

该八大传统实体零售商分别是百思买(BestBuy,BBY)、梅西百货(Macy's, M)、Target(TGT)、JCPenney(JCP)、诺德斯特龙(Nordstrom,JWN)、沃尔玛(WMT)、科尔士百货公司(Kohl's, KSS)和西尔斯百货(Sears,SHLD)。

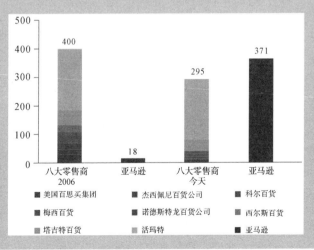

毫无疑问，这是一个令人印象深刻甚至是令人惊讶的成绩。

但亚马逊会有这样的成绩并不令人震惊，因为在过去的 20 年里，人们的购物方式发生了变化，在线购物这种购物方式已经逐渐取代了亲自到实体零售商店购物这种购物方式，同时因为亚马逊这样的零售商不必支付实体店所产生的成本，所以他们可以为消费者提供更低价的产品和服务。

（来源：亚马逊市值 3900 亿美元 超过美国 1 大实体零售商总和.新浪网.2017-01-29.有删节）

案例 4.2

亚马逊的书店是这样做的

亚马逊书店，第一眼看上去好像很普通，但是普通的陈设背后，亚马逊对这家书店的设定是：完全根据用户喜好来陈设。首先我们看到，书完全是封面朝人的摆放方式，这样的摆放虽然空间利用率比较低，但是对用户来说这样可以快速地看到每一本书。我们都知道，竖着摆放的书其实很少会吸引我们的关注。

另外，我们日常去书店可以看到的分类大概是人文、社科、小说……但是亚马逊有自己的分类模式。

1. 打分制

有点类似国内的豆瓣评分，亚马逊有自己的大数据系统，分数高的会有专门的推荐。类似的分类还有"本月畅销书""本周最多预定图书""用户最多收藏图书""拥有 4.8 颗星以上评分"等。

另外,每一本书下面,注意,是每一本书下面,都有一段读者书评,不是名人推荐,而是读者书评,这也很符合现在人们的阅读心理,大家都爱看素人的评价,因为更加真实。除了有网络评论外,还有星级评等分数,一栏 Barcodo 条码,方便读者自己查阅。

2.同类推荐制(类似于互联网上的网盟广告)

另外,还有一个非常人性化的元素,如果你喜欢左边的书,那么你也会爱右边的类似题材或风格的书,这个就类似当当上的猜你喜欢,从你之前买过的书猜测你可能喜欢的书。

这样的设置在亚马逊书店里被运用到极致,实体书店,目前越来越多地从黏住人的角度出发,类似于兴趣推荐的模式可以更加激发用户的滞留时间,当然也会激发用户的购买欲望。

3.线下价格透明制度

当然,很多人说,网上不是更便宜吗,为什么要去实体店买?确实是,国外的书店也存在这样的价格区别,但是亚马逊并没有回避这一点。而是在书店每本书的推荐语最下方都设有条形码,让你来扫码看网上卖多少钱。

所以我们可以看出,亚马逊的书店本质上不是希望大家在书店产生更多的消费,而是希望大家可以在这边有比较愉悦的体验感,同时不牺牲网购的实惠性。

对于亚马逊书店来说,规划的核心逻辑是让用户更加依赖亚马逊的品牌,不论你是在实体店里消费还是网站上体验,都要记得亚马逊的品牌。这是亚马逊做这个书店的初衷。

(来源:亚马逊这两个对标,证明真的只是你的实体商业不行了.搜狐网.有删节)

实体店延伸离店后的线上体验

"到线上去！到线上去！"许多实体零售商正发出这样的低吼，他们迫不及待的心情已经显现。到线上发展没有一定之规，也没有现成的模式，一切需要从头开始。实体零售正以全新的姿态探索新的发展形式。

渠道的融合与探索

传统分类下，渠道大多划分为传统渠道，如食杂店、批发市场等；现代渠道则主要指如超市、百货店、便利店等新兴的渠道。进入互联网时代以后，渠道变得更加丰富，原来的分类方式已不足以涵盖。

现在，渠道建设业内人士更愿意用"全渠道"这个词来涵盖渠道的范围，全渠道的关键点在于"全"。它的提出主要是为了满足消费者随时随地的购物需求，利用所有可利用的渠道，如实体、移动端、PC 端等。

消费者在哪里，零售商就在哪里，这就要求零售商采取尽可能多的渠道类型和渠道组合，充分利用资源优势，保证随时在线，与消费者的脚步相吻合，让消费得到完美的体验。

首先要融合。全渠道需要融合，如果把一条条渠道割裂开来，零售商在各个渠道各行其道，而没有将它们整合，就失去了建设全渠道的意义。实体零售商需要利用自身的力量把所有的渠道整合到一起，互相贯通与融合，渠道之间互相借力。渠道的融合需要基本的物质条件，这是全渠道起飞的基础。

第一个物质条件是供应链的融合。供应链位于渠道的顶端，如果没有一条完整高效的供应链，就无法取得商品与价格的优势。电商正以突飞猛进的态势后发制人，优势就在于供应链。许多生产商直接在平台上开店，取消了各级代理等中间环节，让商品直接从生产商到消费者，成本降低，价格更具优势。更具优势的供应链，让实体零售商在进行全渠道融合时具备了厚实的基础。

第二个物质条件是库存的融合。实体店与线上渠道如果能共享库存，对实体零售商来说将节约大笔资金，还能利用进货数量的优势取得低价，最重要的是还可以降低管理成本。库存共享有如此多的好处，但实现起来并不容易。许多实体零售商难以达到这个目标，主要原因在于管理序列的分级。把各个渠道单列后，分别为不同的公司管辖，各个公司的着眼点都在于自身的利益，无法考虑大局，这就为库存共享人为制造了障碍。把库存共享列入公司层面的战略目标，或可扫清这一障碍。库存难以共享还有一个客观原因是硬件设施的欠缺，许多实体零售商虽然能达成全渠道库存共享的共识，但真要实现起来还是有很大的难度——现有的信息系统根本不具备实现库存共享的条件，只有升级，别无他路。

第三个物质条件是会员的共享。在粉丝经济时代，会员是一笔宝贵的财富。实体零售商的会员基础在线下，他们拥有良好的口碑与信誉度，更能得到会员的青睐与支持。因此，互相借力，互通互融，让各个渠道之间的会员得以共享资源，互相引流，自由地在各个渠道之间畅游，可以让会员的价值发挥到最大。

其次是打造智能体验式场景。要了解什么是智能体验式场景，我们不妨先搞清楚什么是场景消费，以及场景消费在当今时代的重要性。维基百科对场景消费的定义是：通过视听与自己想象中的场景相吻合,来满足消费者感受整个场景氛围的心理需求。在信息化浪潮到来前的时代,人们为了满足基本生活需要而消费物品,追求物品的功能。而在信息化社会中诞生的新一代人——特别是"80后""90后"们,则更热衷于既有商品,又有人物、故事的综合性场景消费,他们愿意为由人、物、空间所组成的触动他们内心的场景而支付金钱。换句话说,即便他们看上去是在购买商品,但所购买的也不仅是商品本身,而是由商品所能联想并实现的场景。

随着消费升级加速,光有场景是不够的,落后、老旧的场景自然也不成,要想完美地满足人们升级的消费诉求,传统的场景必须转型升级为智慧场景,才能达到愉悦消费者、让消费者尖叫之目的。以此推之,智慧场景就应该是这样的一种场景:传统场景插上以互联网技术为代表的智慧科技"翅膀",提升到能够交付更具视听感染力、更智能化、更懂人心的场景。它可以满足用户与日俱增的高阶消费诉求。①

智能体验式场景让零售生动起来。通过场景的营造,零售焕发生机,不再呆板,也不再是形式单一的陈列、展示与售卖。在全渠道模式之下,场景也不再是单一独立的存在,各个渠道之间的场景可以建立紧密的联系,从而实现虚拟与现实的同步。

场景是一种表达,体现的是零售商对经营细节独具特色的解读。在全渠道模式之下,场景需要在各个渠道之间建立一种联系,这是一种生活化的表达,能让消费者更有身临其境之感。

---

① 李海刚.抢跑新零售有智慧无场景的传统电商可能要掉队.百家号,2016-11-10.

实体零售商需要解决的问题是如何在多个渠道之下营造出让消费者感同身受的场景。线下的场景是对生活细节的描绘，是对美好生活的一种向往。宜家无疑是制造现场感的高手，它对商品的展示许多是融入实际生活的场景之中的。在模拟的生活场景氛围之下，消费者会突发许多灵感，生出"原来我也需要这样的商品"的念头。而迪卡侬又是另一种场景营造的范例。在迪卡侬，许多运动用品是被允许和鼓励试用的，在宽阔的过道上随处可以看到骑自行车的顾客，还有拍球、跳绳的人，人们沉浸在运动氛围中，大多数人最终不会空手而归，与其说这是运动的魅力，还不如说这是迪卡侬营造出来的运动魅力。而线上的场景更多展现的是一种体验与感受，顾客无法抚摸、感知和"看"到具体的商品，更需要零售商利用各种技术调动消费者的感觉器官，让消费者隔着屏幕仍能感受到消费的场景化，并能被深深吸引。在全渠道之下，各个渠道之间的场景营造要在保持同一性的同时，注重个体性和差异性。

零售的创新与实践

最近关于"新零售"的各项讨论不绝于耳，不管持何种不同意见，也不管讨论的焦点在哪里，有一点是达成共识的，那就是当下零售业确实发生了天翻地覆的变化，零售商以一种全新的姿态与消费者沟通，取得消费者信任和好感。这些零售的新变化时时刻刻提醒实体店的经营者，要以奔跑的姿态参与到行业竞争中，停滞不前其实就是后退。实体零售商在瞬息万变的时代大潮面前，只有迎头赶上，热情参与，才不会被时代所淘汰。

实体零售商在向线上探索时，确实发现了许多令人惊讶不已的新变化，这些变化速度之快，令人目不暇接。

知识的更新。不管是零售方式，还是零售形式，甚至是零售技术，时时刻刻都在发生变化。作为零售人，每天都要保持一种学习的心态，否则，稍一懈怠，可能就要落后于行业的发展。同时，实体零售的经营者还要抱有学习的热情，保持对行业发展的敏感度，积极应对变化，时刻踏准时代的节拍。

时代的更迭。零售业现在不缺少新名词，当对 O2O 还一知半解之时，转眼就迎来了"全渠道"，全渠道还在探索之时，"新零售"又风起云涌。在层出不穷的各种新见解面前，实体经营者需要保持冷静，既要拥抱又要鉴别，更要矜持地保持自我。随波逐流，最终会被时代的浪潮冲得体无完肤。

我写这本书时上网查找了许多资料，但对一年前的资料一般就需要二次求证，因为发展实在是太快，更迭的速度完全超出想象。一年前还言之凿凿的事，一年后早就变成了另一番景象，有的甚至走向了反面。我又不禁要为各商家捏一把汗，如果每次风起云涌，实体店都要头脑发热地蜂拥而上，那真是要"摔痛"的。

新生快，淘汰更快。在当前的形势下，创造一种新的经营形式似乎轻而易举。零售的世界是包容的，总有各种各具特色的实体店、各种千奇百怪的售卖方式、各种超乎想象的新技术展现在消费者面前。零售的世界又是狭小的，没有太多的时间让这些新生事物从容发展。如果这些创新不能快速地站稳脚跟，很快就消失殆尽。

"横看成岭侧成峰，远近高低各不同"，实体零售商在这个多变的时代里要保持冷静的头脑、清晰的思路，需要不断前行，不断总结，才能不断进步。

从 O2O 到 OSO：线上线下一致化体验

从线下到线上，体验是重要的连接点，也是连接顾客、卖场和商品的驿站。体验让实体零售商不管在 O2O 模式还是全渠道模式，甚至当下的新零售时代，都具备了更大的价值和突出的特色。OSO 的提出，重塑了创新体验的重要性。

渠道角色的转换：体验为王

埃里克·阿姆奎斯特等人合写的《用价值要素发现客户的真正需求》中，提到了在聚焦消费者时用到的价值要素。他们将产品和服务传递的价值基本要素分为 30 种 4 大类，即职能类、情感类、改变生活类和社会影响类。他们通过观察发现，得到实体店帮助的消费者给全渠道零售的评分远高于给其他零售商，全渠道零售商在情感类和改变生活类的要素上得分更高。贝恩公司也得出类似的结论：数字技术一直在改变实体公司，将数字和实体渠道结合比任何单一渠道都强大。情感要素是实体零售具备的优势之一，实体零售是传递情感要素的最佳渠道，可以弥补其他渠道上的情感缺失。情感要素包括减轻焦虑、乐趣消遣、怀旧、吸引力等 10 种形式，而体验是情感要素的最佳呈现形式。

向消费者传递情感，在实体店更容易实现，这是实体店独有的优势。这也是当前许多线上零售商和品牌商争相到线下发展的原因之一。按照阿姆奎斯特的观点，情感类只是四种职能之一，并不能代表所有的价值要素，消费者还有职能类、改变生活类、社会影响类的需求，实体零售商依靠单一的渠道根本无法实现全部需求，因此需要让线上发展与线下结合，才能更多地满足消费者的需求。

多渠道结合，才能为消费者创造更多的消费体验，满足更多的潜在需求。但只有协同一致的渠道和无差别的购物体验，才能获得消费者更多的关注。消费者在同一零售商的多个渠道进行跨越时，不希望跨越的难度太大，而是希望简单有效，他们不希望营销信息、价格和服务有差异，而是希望得到具有高度一致性的体验。服装品牌歌莉娅为了满足消费者对物流速度的诉求，在"双11"期间，所有电商的订单都是从离下单地址最近的实体店发出，以便发挥线下的优势，线上与线下联动，给消费者带去最优的体验。

实体店多渠道的建立，使其具备了全天候接触消费者的功能，让消费者可以 24 小时随时找到店铺。实体零售商建立多个渠道，利用 PC 端、移动端等多种途径展示店铺，本意是多一个渠道就多一个销售机会，毕竟销售是实体零售商最为看重的。其实，增加销售是表象，背后的深层意义是建立零售品牌形象。一个在多渠道活跃的零售商，带给消费者的印象是有活力的、有发展潜力的，这让消费者对其印象与好感更进了一层。实体店拓展多渠道，突破了时间、地域限制，增加了与消费者互动的机会，可以有更多的机会获得消费者反馈，倾听消费者的声音，并能据此改进，提升与消费者的需求契合度，实体零售商的品牌形象就是这样一步步建立起来的。一个具备良好形象的零售商必然会吸引更多的消费者。在这个闭环里，零售商永远要先行一步，才能带动消费者更进一步。

价值体系的塑造：体验的价值

体验的重要性已经不言而喻；对实体零售商来说，这还是制胜的法宝。体验能让消费者对零售商更亲近，让线上与线下的价值共同发挥到极致。

消费者在进入一家实体店之前，他会在心中设定一个期望值，尽管大多数情况下，这个数值是在无意识状态下设定的。进入店铺后，如果他在店内的体验超出这个期望值，那他就得到了完美的购物体验，再次光顾店铺的概率就会增加；如果他得到的是低于期望值的体验，可能下次就不会光顾——但如果此时零售商能够提供机会让消费者表达不满，那零售商就有了改进的机会。顾客离店后，零售商如果能建立网络渠道给消费者评价打分的机会，可能会得到一部分消费者真实的反馈，这样既可以消除消费者的不满，也可改善自身的工作。比如订外卖，消费者在网络上下单，取得物品后，外卖平台会提醒消费者对送餐员的服务和商品进行评价。因为有评价的约束，参与合作的各方都会督促自己的工作，让消费者的体验更趋完美。实体零售商提供多种途径让消费者及时表达观点，鼓励消费者更多地参与到改善体验的工作中来。

消费者的忠诚度需要建立与维护。能提供良好体验的实体零售商，消费者的忠诚度无疑是高的。零售商首先要知道顾客想要什么，这点最为关键。价格是焦点，但顾客是否如零售商所想，对价格的关注到了无以复加的地步？其实不然，顾客更在意的是价值。在购物过程中，体验是消费者权衡是否物有所值的一个标准。顾客在购物过程中享受到了出色的体验，感知价值大于价格，他就认为是物有所值。实体零售商在不同的渠道应该尽量提供一致的体验标准，让消费者不会因为渠道的不同而感到被区别对待。实体零售商的始终如一，才能最终换来顾客的始终如一。

每家零售商当然希望所有光顾过的消费者都能成为最终有实际购买行为的顾客，这是一个美好的愿望。消费者进店以后可能会受到各方面因素的影响，一个微小的瑕疵都可能瞬间改变他的决定，有时微妙的心理活动就算消费者本人也难以觉察。因此实体零售商的经营者要像一名普通消费者一样，把所有渠道都体验一遍，看看从线上到线下，有哪些环节给消费者带来不便，带去麻烦，让他们颇费周折。消费者的体验过程顺畅了，才愿意在这里停留，才可能增加他们的黏性。

实体店要努力打造自己的特色，和其他零售商区别开来，实现差异化经营。差异化的途径之一就是改进消费者的体验。消费者的体验是一种综合的感受，怎样实现独有的体验感受，并确保这个感受是消费者愿意接受并乐此不疲的？

消费者的体验来自于视觉、听觉、嗅觉、味觉、触觉，从心理层面看，这个感知的过程非常复杂。OSO着重体现的是企业在全渠道模式下重视用户价值，以消费者为中心，提供消费者体验的解决方案。所有的解决方案都是从顾客整体体验的角度思考设立的，而不是零售商的一厢情愿。顾客有绝对的选择权，但在顾客选择之前，却需要零售商给出备选项。

产品与服务的延伸：体验是连接

零售商用心打造的体验过程，就像一张无形的网，以体验为中心点，通过一条条暗线，连接了线下与线上、消费者与实体店、消费者与店员、消费者与消费者。通过体验的连接，他们之间的关系更为紧密。

　　良好的顾客体验，结果是双赢，首先是实体零售商"赢"，零售商增加了销售额、利润额与来客数，这是零售商的数字目标；其实顾客也"赢"了，顾客享受到了良好的购物体验，在体验过程中发现了自我价值，获得了尊重，并认为买到了物有所值的商品。双赢的结果使体验受到空前的重视。

　　肯德基的创新体验或许能给我们带来一些启示。肯德基在全国有5000多家店铺，从2015年开始对70%的店铺进行了装修，新店铺在标志性红色基础之上融入工业风、现代风及地方人文特色，就餐环境更为时尚和舒适，迎合了新一代消费者群体的审美诉求。外在的改变是消费者能直接感受到的，加入科技和数字技术则让消费者在肯德基的消费体验更为快捷便利。肯德基提出了"数字餐厅"的概念，即消费者从进店前到进店用餐直至离开的过程，肯德基都构筑了全景化的数字体验。肯德基的实体店，均可以实现移动自助点餐，订单能被精准分配到离消费者最近的实体店，餐厅快速地为消费者备餐。利用点餐系统，肯德基2016年就招募到了6000多万会员，会员可以享受到会员福利，满足个性化的需求。这些体验创新都为肯德基带来了活力。在产品体验上，肯德基打造了一款网红冰淇淋，热销的时候许多餐厅前都有顾客在排队购买。它也做了一些周边的推广，比如推出了亲子阅读平台，推送国内外优质儿童读物，外在是阅读，核心仍是肯德基品牌的延伸推广。

　　肯德基的创新体验是否带来了客流呢？从我的个人经历看，确实感受到了变化。之前我有五六年未去过肯德基，但在2016年却光顾过多次。肯德基会员只要扫码就可加入，加入会员后，不仅可凭会员身份在肯德基 App、天猫店预购不同类型的超值优惠餐，还可以通过消费累积的积分兑换更多礼品。除肯德基的食物、服务之外，还有第三方平台的优惠券。把老顾客重新拉回餐厅，是肯德基创新体验的成功。肯德基创新体验的核心内容是通过体验的连接，让产品与服务得到延伸。

实体零售做好体验的基础无疑是产品与服务，只有提供好的产品与人性化的服务，扩大两者的外延，才能让消费者在体验中获得满足感与认同感。

消费者对商品与服务的感知是有最低标准的。质量是基础，消费者对质量的重视高于一切，质量不达标，所有的体验都将降为零。这是无可取代的体验要素。零售商对质量的维护与坚持也应有不可动摇的底线，任何外在干扰都不能触及质量的底线。

只有保证商品在最低质量标准之上，才能带给消费者更多的体验感。消费者希望能买到独具特色、物超所值、能带来更多更好体验的商品。在商品促销时，商家要备足库存，不要因降价而减少备货量。当许多消费者抱怨商品的价格优惠只是噱头，其实根本没有足够量的商品供应时，他们就会有上当之感。低价商品可能会引起万人关注，但如果最终只有 0.1% 的人买到了商品，其他 99.9% 的人都空欢喜一场的话，消费者就会将如此"深刻"的体验铭记在心。这样的体验带来的负效应远远大于正效应，所以零售商要充分考虑大多数消费者的感受。就像支付宝的集福活动，2016 年春节全国人民都在找敬业福，引起大量的抱怨；2017 年春节，支付宝就换了策略，大大提高敬业福的比例，让许多人都刷到了。虽然每个人分到手的红包金额少了，但这有什么关系呢？大家在这个过程中得到了乐趣，支付宝也扩大了知名度,提高了打开率,其实是"赚"到了。没有什么比让消费者获得愉悦的感受更重要的了。

商品的体验还不仅限于此。现在数字化技术发达,不论在商品陈列、展示还是购买方式上,都能给消费者带去新鲜和新奇的感受。但不管怎样,商品的核心仍是有竞争力的商品以及与其匹配的价值,毕竟只有商品打动顾客,才是最重要的。

过去,人们对服务的要求是传统的,比如要对顾客微笑、热情,把握好尺度与分寸,现在数字技术发达,这些已经远远不能满足消费者的体验要求。实体零售商要做的是提供多种渠道,让消费者随时挑选商品,随时购买,随时满足需求,还要用便捷、个性的方式让消费者体验到购物的乐趣。

比如,消费者未进入实体店就与实体店发生连接:接收到了实体店的数字推送信息,获取一定金额的电子优惠券,他可以选择在线上下单购买,也可以预约商品,到实体店购买提货。开车未进入实体店之前,通过实体店的导航系统他就能看到停车场的使用情况,并预约了车位;来到实体店后,他通过扫描预约车位的二维码顺利进入停车场,找到了预约车位。进入实体店后,实体店提示他预约的商品已经打包待发,根据他的购买记录,实体店又向他推送了关联商品,这让他产生了连带购买的冲动。购齐商品后,他选择了便捷支付方式,支付时使用了电子优惠券。离店后,实体店发送了评价窗口,让他对本次购买做一个简单的评价。当评价次数积累到一定数量后,可以获得奖励券。简单的事例仅是服务体验的一个小小的缩影,而顾客的体验要求远远不止于此,他们希望得到:

营业时间不受限制,随时随意;

能提供除实体店之外的购物方式;

友善的购物氛围;

支付方式的可选择性;

收银快捷便利;

足够的车位,并告知停车位信息;

可选择的送货方式;

提供信息,节省购物时间;

能一次购齐商品;

尽可能多地提供数字化服务;

购物过程简单明了;

卫生间整洁,不用排长队。

最后一条是一个具体的要求,但重要性却与前面几项具有同等重要的地位。实体店管理的好与坏、服务水平的高与低,都可通过这个窗口一览无余。

对体验的探索与追求永无止境,随着时代的发展、科技的进步以及消费者日益提高的需求,体验增添了许多与时俱进的内容与形式。传统零售时代,只有进入实体店后,消费者才能亲身体验。但现在,进入实体店前,甚至不用进入实体店,消费者通过互联网设备就可以轻易地与实体店产生关联,从而引发各种不同的体验感受。这对实体零售商也提出了新的要求,要把商品与服务的触角尽可能地延伸出去,让消费者不需再费周折,便能获得最佳体验。

案例 4.3

国美嬗变:场景体验及供应链升级重新定义零售

为了应对行业的变化,过去 5 年间(2010—2015),国美一直在对供应链大动手术。如今的国美虽然仍是一家大型家电零售商,但其背后的运营逻辑、供应链模式、实体店定位和人员价值都已发生了脱胎换骨的变化。

在过去 5 年与电商渠道的厮杀中,实体零售之所以心慌意乱,一个关键原因就是盲目跟进电商的低价逻辑,试图以低价斩获销售增量,其代价往往是在毛利压缩和租金上涨的压力间,艰难挣扎。事实上,电商所能抢占的盘子只是一部分。互联网平台消除了时空限制,天然具备比价优势,却难以对产品功能进行立体化、场景化展示,这也决定了在线上,中高端产品无论是价格还是品质的展示都不占优势。而这恰恰是实体店能用体验和场景拿下的市场增量。

"我们(实体店)拼的就是体验、增值服务,以及跟顾客的黏合度。"国美全国最大的旗舰店北京中塔电器广场总经理牛志青认为,新的利润增长点将来自两个方向:其一,是以体验拉动随意性购买,并增加用户黏性;其二,是增加安装类大家电的关联性购买,促进消费者一次购买一套。

以上两点的实现,皆是基于中塔店卖场结构的变化。新装修后的卖场,打破了以品牌划分区域的惯例,改为将购买目的性强的安装类大家电和购买随意性强的自提类小家电分离的展示方式。最直接的好处,一方面是衍生出关联性消费,冰箱、洗衣机等大家电的陈列和展示更加紧凑，便于做连带促销，如海尔在该店做了四返一活动。

另一方面，国美试图打乱品牌和产品品类分布，通过呈现厨房、卫生间等家庭使用场景来呈现产品，促进场景性消费。传统家电卖场，厨卫区往往不会出现微波炉、电磁炉、电饭煲等附属小家电，但事实上，消费者在买烟具灶台的同时，很容易想起买电饭锅、热水器等产品。"新的陈列模式便于我们整合资源进行促销，也便于顾客分类挑选。"牛志青指出。

他同时表示："以前我们布局很简单，就是卖货，没有跟顾客交流的区域，所以买卖氛围很浓。这次划分出售卖区和体验区，售卖区产品陈列丰富，有销售员推广，而体验区则在介绍商品概念上留有空间，通过产品使用展示拉动顾客去直观地了解产品功能。"

中塔店的中轴线上，是集中划分的体验区。地下二层中央是新开辟的餐饮区域，售卖咖啡和西餐。值得注意的是，这家餐厅的家电是由卡萨帝品牌提供的。据该店店员介绍，店内所有播放的视频都是由卡萨帝电器制作的，且视频中的家电价格低于市价七八成，顾客可以以此直观地了解电器性能。

另一片区域，则被开辟为免费洗衣房，由海尔等品牌的洗衣机、烘干机作业，供进店客人使用。而在电脑厂商华硕的区域，品牌商定期举办网游大赛，分成两支队伍PK，获胜者可享受一定的购物折扣，由此在促销中融入娱乐和体验的元素。在卖场中还有一些延伸服务，如榨汁机卖场推出免费榨果汁体验，净水机厂家提供免费饮用水，手机卖场提供免费贴膜服务等。顾客来实体店购物变成了购买感觉，国美也开始学会做经营感情的生意。

"梅西百货的 80% 的销售额是顾客进店之前没想花的,地面店给大家带来的愉悦实际上是商品应用性产生的另外一种无形商品,对消费者产生极大的黏性,淡化人们对价格的敏感性。"王俊洲表示,"未来我们的店面会增加跟客户交互的地方,使实体零售商和网上零售商在消费行为上形成区隔。很多时候不是消费者不想买,而是他们不知道买什么,或者不知道买了有什么用。"场景化和体验式销售,正能够激发其中的消费需求。

中塔店是国美对实体店进行场景化升级的第一个试点,牛志青透露,明年大中将以基于中塔店的模式和经验,在全国选取 8~15 家中型店进行推广。

（来源:中国经营报　作者:林慕野,有删节）

案例 4.4

Zara 在美国加快扩张,先在纽约 SOHO 开家大店

2016 年 3 月 3 日,西班牙快时尚品牌 Zara 在美国纽约著名商业区 SOHO 新开一家旗舰店 Zara SOHO。实体店面积 47361 平方英尺(约 4400 平米),具体位于曼哈顿中心 SOHO 的 Broadway 街 503—511 号,Broome 街与 Spring 街之间,和一堆精致的时装店、生活方式零售店铺挨在一起。同时,Zara 关闭了它之前位于 Broadway 580 号的老实体店。

SOHO 是纽约的黄金商业街区,根据美国地产咨询公司 Cushman & Wakefield 最新报告 *Main Streets Across the World 2015/*

2016，SOHO 区包括 Broadway 街在内的横纵三条街道，在纽约市租金仅次于第五大道和麦迪逊大道。

Zara SOHO 所在的地段集中了美国 19 世纪晚期的优秀铸铁建筑，被称为 SOHO's Cast Iron Historic District。而 Zara SOHO 所在的这栋建筑建于 1878 年，由 John B. Snook 设计，是这一风格的代表作。Zara 母公司 Inditex 在 2015 年年初花了 2.8 亿美元买下，它的前任主人是 GAP 旗下的 OldNavy。

店铺分为三层，包括女装、男装和儿童系列，由 Zara 建筑团队设计。他们试图在这栋建筑的历史和未来中找到平衡，发现和表达建筑的历史特质，比如在原始的铸铁外观，保持良好的通风环境下，融入 Zara 的品牌实体店形象。另外所有的进程都遵循了低耗环保的原则，Zara SOHO 还为此申请了 LEED 认证。快时尚的生意模式并不环保，饱受指责的快时尚品牌只好从别的方面寻求维护自己的环保形象。

现在 Zara SOHO 实体店的入口被绿色植物和鲜花簇拥，这是花卉艺术家 Mark Colle 为庆祝开业特别设计的。店内装修以白色墙面和黑色灯具为基调，收银台后面的墙设有电子巨屏，正在播放该品牌的春夏系列宣传片。

在这家实体店 Zara 第一次配置了智能试衣间，销售人员在一个电子触摸屏上为你选定一个房间，并扫描你挑选的衣服，然后你就可以在试衣间的电子触摸屏里同时看到相关信息，比如别的尺码有没有库存，其他还有哪些颜色等等，还可以呼叫销售人员帮忙。

科技让试衣服的效率也提高了，但未必能拯救你的选择综合征。不过，对于销售人员来说，这个设备可以方便地监测到试衣间的空置情况，以及减少试衣间偷窃事件的发生。

Inditex 主席 Pablo Isla 对 Zara SOHO 很满意,说实体店的位置优越,面积很大,节能环保设施、设计和科技应用都是全球顶级水准。

1989 年,Zara 在美国纽约列克星敦大道(Lexington Avenue)开了第一家店;目前,Zara 在曼哈顿地区已经开了 8 家门店。Zara 在美国的实体店总数达到了 71 家,目前尚未包括 Zara Home,另外同一集团旗下的 Massimo Dutti 也在美国开了 4 家。

Inditex 目前风头强劲,2015 年 Inditex 市值不断飙升,2015 年上半年利润总额上涨 17%。不过 Inditex 并未在财报中单独披露其美国市场的业绩。

1989 年进入美国的 Zara 可以说开店特别早,其竞争对手 H&M 直到 2000 年才进入美国,可是截至 2015 财年底,H&M 在美国已经拥有 415 家实体店了。不过这两个品牌具有不同的实体店扩张策略。在中国,截至 2015 年 10 月底拥有 177 家实体店后,Zara 就觉得门店已经够多了,接下去只会在重点城市开设旗舰店。

从目前的动作来看,Zara 正加快它在美国的扩张,只是还处于在核心城市核心商圈开设形象店的阶段,尚未开始渠道下沉。

(来源:华凤仪.好奇心日报.略有删减)

案例 4.5

消费者主动在社交平台推广星巴克

除了移动端的应用程序和短信,社交媒体是星巴克的另一大战场。

在英国伦敦市中心的星巴克,有这么一位个性鲜明的咖啡师,他的名字叫 Lafitte。在闲暇之时,他会收集消费者喝完留下的纸杯并带回家中,然后在纸杯上画出精美的涂鸦并且附带上消费者的名字。当消费者有幸再回到店内的时候,Lafitte 会亲手将这件艺术品交还给那位消费者。

获得意外之喜的消费者会直接将这些杯子上传到不同的社交平台,久而久之,光顾这家星巴克实体店的消费者越来越多。

用户主动上传这些杯子图到社交平台,成功地引起了品牌营销,这一社交媒体战略似乎是星巴克和其他品牌零售商在社交媒体战略上的不同之处。利用用户的主动性来传播品牌,会走得更远更广,因为星巴克懂的是消费者的心态。

(来源:陆文斌.天下网商.有删减,略有改动)

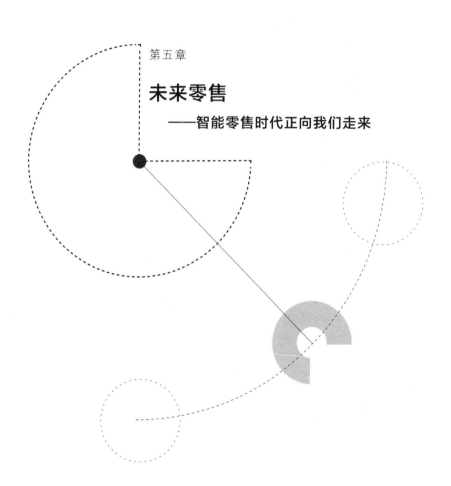

第五章

未来零售

——智能零售时代正向我们走来

未来都是大数据公司

大数据的重要性越来越广为人知,关于大数据的讨论也不绝于耳。一种观点认为大数据重要到无可取代,没有大数据相当于"巧妇难为无米之炊";另一种观点则提出不要迷信大数据,因为它会带来一些误导,不如基于经验和观察做出的判断更为准确。两者孰是孰非,一时难定,也许未来的发展将是最好的验证。但有一个事实是,实体零售商越来越需要大数据的指导,为他们的决策、判断提供依据。

银泰商业与阿里巴巴全面融合之后,CEO 陈晓东接受访问时说,银泰与阿里的未来合作大方向是大数据方面。这证明了大数据将成为公司融合发展的重要内容之一。

未来大数据会与零售商的发展结合得更加密切,它让零售商戴上了一副神奇的眼镜,近距离观察商品、服务、消费者更为细致,远距离规划公司发展更为深谋远虑。

例如,商家根据消费者的购买记录和习惯的大数据进行商品推选。实体零售商原来倚重的是经验的判断，但如果能从大数据中汲取有用信息，就可以更快更好地做出决定。

我因有过购买老人护理垫的记录，所以每次护理垫有活动，商家都会专门发来推送通知。当看到不错的活动时，我也会适当囤一些商品。护理垫用完之后还需再买，这是一个持续消费的过程。显然，这种推送非常符合消费者的心意。不过依赖大数据也存在一些问题。另一个例子是，我在某网站购买了一些书籍后，就不断地收到该网站对相关书籍的推送，根据推送内容，我也会选择性地购买，但推送内容中有时还会包括已经购买过的书籍。显然作为读者，如果没有特别需要，我肯定不会再次购买同一本书。

可见就算商品推送，不同的商品也应该有不同的处理方式。零售商在处理这些数据时，应根据商品特性进行区分，不能只凭简单的购买记录，未进行智能化的选择，就一送了之。

消费者的数字记录

在传统零售时代，消费者在零售商这里留下的记录仅限于购买记录，消费者的信息也仅限于会员资料，实体零售商对消费者的印象是模糊而不确定的。但当线上与线下融合，实体零售商以全渠道之姿拓展时，他们获得了宝贵的数据资源。

在大数据的帮助下，实体零售商开始关注消费者的购买渠道，了解会有多少消费者从线上购买，有多少消费者从线上到了线下，还有多少消费者是线上与线下共同的支持者。这些数据可以帮助实体零售商分析消费者的消费特性和渠道购买习惯。要想获得为我所用的数据，实体零售商在不同的渠道要使用同一个数据系统，这样面对消费者频繁的渠道转换时，才不会让数据变得分散和零乱。

商家根据大数据信息进行整理分析后，可以根据消费者的消费习性设定商品类别，在不同的渠道，设定符合渠道特性的类别，与消费者的需求相契合。同时，商品定价在大数据的指导下也将更科学务实。

除了购买数据，零售商还可以在线上数字渠道收集非购买数据，这些数据的集合也是大数据的重要组成部分。大数据打造了一个全方位的空间，帮助实体零售商了解商品、顾客和渠道活动，在它的推动下，实体零售商可以尽可能地响应消费者的需求并建立亲密性。

杭州的味全公司建立了一个"味全优佳妈妈"会员管理系统，这套系统通过不同的数据标签对会员进行精确分类与管理，建立了360度的客户视图，提供个性化服务。不管在哪个渠道购买，会员信息都在后台统一管理，统一进行积分兑换，这为识别同一消费者、统计数据信息、分析渠道购买带来了便利。味全还根据妈妈们在孕、产、哺乳阶段的不同需求，精准地发布促销信息和指南。会员管理系统对消费者的购买记录、个人资料都做了精准的记录与分析，根据数据结果对消费者进行个性化的沟通与指导，这让消费者感到味全的贴心与细心，提高了消费者的忠诚度。

营销信息精准，推送合理合意，这些都能提高消费者的忠诚度，但做好这些必须在利用好大数据的前提之下，没有大数据作为基础，一切都是空谈。

让消费者成为决策者

传统零售时代以商品为本,商品是零售的灵魂,对零售的经营起着决定性的作用。进入数字时代以后,重点悄悄发生了转移,以消费者为本成为实体零售商战略转移的重点。得消费者得天下,消费者受到了前所未有的关注。这样的关注不同以往,那时对消费者仅限于爱护、关心等情感尊重的层面,现在对消费者的关注成为企业战略转变的方向,关乎零售商的未来发展。

在数字时代,用大数据可以清晰地描绘出细节逼真、刻画准确的消费者画像。这是大数据带给零售商的一大转变。大数据还可以把握消费者趋势,指导零售商引进商品,调整库存结构,最大化地满足消费者需求。这些转变,都是在传统零售时代无法想象的事。消费者虽然没能参与零售商的经营与决策,却成为每一个市场决策的核心。消费者的需求研究有大数据支持,这让零售商不再盲目与茫然。

在非数字时代,面对客流的减少,实体零售商对顾客为什么不再购买、哪些顾客不再购买都是一无所知。但在数字时代,有了大数据的支持以后,实体零售商面对顾客的流失不再不知所措,因此可以采取有效的措施尽可能挽留顾客。

作为传统零售商,大润发的会员管理一直做得比较好。在互联网还不发达的年代,它会定期对会员的购买情况进行梳理。对长时间未购物的顾客,大润发采取的策略是打电话询问:“为什么不去实体店购物了?”通过这种方式收集信息,调整经营策略满足顾客的需求。而电商已经在依靠大数据挽留顾客。如果你很长一段时间都未在唯品会购物,就会不定期收到唯品会发送的优惠券,优惠券自动发放到账户,并用手机短信提醒到账。在反反复复的优惠信息提醒之下,你终于打开唯品会并成功选购了一件商品——这当然是唯品会的成功,他们又把一个即将流失的顾客拉了回来。

现在,实体零售商也可以像电商那样,变被动为主动,用大数据找回流失的顾客,提供即时奖励,比如发放优惠券、赠送积分、提供赠品,还可以提供个性化的奖励,争取更多机会让顾客重回实体店。相比原来传统原始的统计方式,现在实体零售商在各方面都有了长足的进步,让消费者个性化的需求得到了最大化的满足。

除了用大数据找到流失的顾客,实体零售商还可以用大数据找到高价值的顾客。所谓高价值并不仅仅是消费者的购买力高,还应是忠实顾客和热心顾客,他们应是实体零售商的忠诚"粉丝"。实体零售商不光需要定期与高价值顾客沟通,与其保持友好的互动关系,及时推送精准的营销信息,还要为这些顾客量身打造营销活动,提升他们的潜在购买力。顾客由此感受到零售商的重视与爱护,提升自我价值感。当然,更要给予特别的奖励,奖励是最快打动顾客的方式之一。

大数据已成为营与销互通的桥梁,让沟通更加顺畅。

大数据可以提供较精确的解决方案,提升运营效率和顾客体验;也能提供精准营销,把数据变成可行的洞察,进行更智能的活动。"双11"之前,我无意中浏览过一个背包的品牌,之后很快就忘记了。"双11"当日傍晚,我收到了该品牌的优惠信息,并获得了一张特别的优惠券。于是我在"双11"结束前,购买了该品牌的背包。事后分析,这是品牌利用大数据筛选获得了有购买意向的消费者消息,然后发送品牌的优惠通知和奖励，激励消费者购买。在大数据的支持之下，运营与销售成为互通的两极，相互激励，相互促进。

大数据时代的迷茫

2015 年，Penton 联合日立数据系统公司、英特尔与 SAP，对 Penton 的零售与餐饮市场进行了调查，共收到 1508 份调查回复，有 415 份回复涉及了大数据。63％的调查对象认为，大数据对企业来说"非常重要"或"至关重要"。可见，数字渠道的发达让零售商更加认同大数据的重要性，因为消费者通过数字渠道留下了大量信息，而这些信息对零售商分析消费者的购买习惯、购买需求提供了重要帮助，尤其是非交易数据，对零售商的商品采购与分类将起到指导作用。

但是另一方面，大数据的采集与分析，对实体零售商来说是新生事物，面对浩如烟海的数据源，实体零售商陷入"老虎啃天，无从下口"的窘境。在全渠道模式下，消费者迅速地在不同的渠道之间转换，这需要实体零售商打通线上与线下的数据系统，客观地分析消费者产生的各种数据，这对实体零售提出了更高的要求。传统时代的实体店仅建立了"为我所用"的信息系统，这个系统要与如今的大数据接轨，两者之间的差异可谓巨大。借助外来的力量，能让实体零售商更快地体验到大数据带来的益处。2017 年 2 月，屈臣氏集团宣布与加拿大初创企业 Rubikloud 合作，投资 7000 万美元用来推动零售业务对大数据技术的运用，完善顾客体验和提升运营效率。这是一笔巨大的投资，相当于为未来打地基。

实体零售商一开始就不具备大数据的基因，现在要弥补，自然对实体零售商提出了更多的挑战。首先是认识，由经验主义变成数据化决策，公司上下都要转变观念，转换思想，接受这个新生事物，并最快地应用到公司运营、销售的实践中。其次是战略目标的调整，大数据让消费者洞察变得更为清晰，用收集到的消费者数据信息调整商品经营、营造体验氛围，这一切都要以顾客为中心，顾客成为所有决策的基础。最后是机制，实体零售商的业务运营和营销管理都要随着大数据做出相应的改变，机制如果因循守旧，那么改变的只是外壳，内在核心却不能扭转。与线上零售商自备大数据的先天基因相比，实体零售商几乎需要从头学步，学会收集大数据，整理大数据，还要学会分析和学以致用，这些都对实体零售商提出了新的挑战。而不管这个挑战如何难以应对，实体零售商都要迎难而上，因为只有这样才能离消费者更近，才能真正做到以消费者为中心。

解决效率低下

效率成为零售商日渐关注的焦点，效率低下意味着要付出更多的时间、精力、资金和人员。这些都要累加到成本中，成本增高，就意味着要以更高的价格销售商品，从而失去竞争力。效率在一定程度上决定着经营成本。

现在实体零售商大都面临人员成本过高的状况，所以许多零售商在销售得不到扭转的前提下，首先想到的是降低人力成本。人员的减少虽然可以瞬间减小人力成本，但带来的现实问题是员工工作效率的下降。单纯的减人，而不是科学地规划岗位与人员配置，最终带来的是工作质量的下降。此时，实体零售商要利用大数据，科学有序地规划人员。比如根据客流的大小合理配置人员数量,在客流高峰期时增加人手,客流低谷时减少人手,通过查询数据可以轻松看到客流的变化,并据此分配员工;通过数据共享,员工能即时看到店内库存的状况和商品存放的位置,有效及时地应对顾客的需求……这些都可以帮助零售商提高工作效率,不会因为人员的减少而降低工作质量。

许多知名实体零售商和品牌商都在用大数据提高工作效率。沃尔玛每小时从 100 万名顾客那里收集 2.5PB 的非结构化数据,分析系统每天要对 1 亿个关键字进行分析优化,对数以百万的商品和不同来源的数百万顾客进行分析,这些海量数据的获取和分析如果不是用专门的系统完成,繁杂的计算过程将难以想象。通过大数据分析,沃尔玛可以快速地获得信息和分析结果,并迅速地运用到实际经营中,进一步提升与消费者的契合度。据国外媒体 ABC News 报道,沃尔玛 2017 年第二季度的在线销售额增长了 60%,①得益于它对大数据的运用。

乐购(Tesco)采用先进的建模工具对历史销售数据分析后,模拟仓库配送,让库存更为优化,实体店不会因为商品滞销和畅销而让库存积压或损失销售机会。在乐购内部还专门组建了一个分析团队,主要负责测试天气数据、促销降价等要素的变化,从而掌握要素之间的关联。

大数据给零售商的运营和销售带来了崭新的变化,也改变了他们的运营视角和营销视角。在大数据的助力之下,实体零售商拥有

---

① 第二季度沃尔玛在线销售额飙升 60% 有望赶上亚马逊.新浪网,2017-08-18.

了全新的思维。员工管理、顾客管理、商品管理、采购管理、库存管理、运营管理、营销管理，这些原本熟知的管理内容随着大数据时代的到来悄然发生了一些变化，管理方式变得更加快捷、精准，实体零售商由此能更快地拨开云雾，看清前进的方向。

推动长期收入

大数据一个更重要的作用是促进零售商获得长期收入，毕竟能取得长期收入是零售商获得持续发展的一个重要条件。

在大数据的帮助下，实体零售商具备了"天时、地利、人和"的优势，与消费者的沟通更为自信。通过大数据分析，实体零售商能够确定在什么时间，什么地点，用什么方式，向哪些消费者推送哪些营销信息，推荐什么样的商品。这看似短短的一句话，其实蕴含了大量的工作。没有早一步，也没有晚一点，在恰当的时候用恰当的方式出现，这样的恰好将给实体零售商带来长期稳定的发展。

大数据记录的是消费者的购买行为和非购买行为，可以帮助实体零售商调整商品策略、服务策略、营销策略，从而更贴近消费者，满足每位顾客的个性化需求。数据最终变成对消费者的可行性洞察，从而帮助零售商制订长短期计划。这些策略的建立是实体零售商在对取得的消费者各项数据分析后而做的决定，而不是凭着既往的经验或仅有的几项 POS 机数据而做出的判断。在大数据分析基础上建立的策略，让实体零售商更多了些笃定与魄力。

奢侈品品牌 Prada 在大数据方面做了诸多尝试。许多年之前，在纽约 Prada 旗舰店内，会为每件衣服上配有 RFID 码。顾客在店内浏览时,每当拿起一件衣服走进试衣间,其上的 RFID 会被自动识别,试衣间里的智能屏幕就会自动播放模特穿着这件衣服走 T 台的视频。更深入的应用是,这些在实体店发生的数据会传至 Prada 总部。每一件衣服在哪个城市的哪家旗舰店,在什么时间,被多少次拿进试衣间,每次停留多长时间,最终是否被购买等信息,都会通过 RFID 进行收集并传回,然后存储起来加以分析和利用。这意味着,无论是否成为最终的购买客户,每一位走进 Prada 实体店的消费者,都会参与到商业决策的过程之中。

阿迪达斯在 2008 年受奥运之战影响引发了库存危机,于是它在中国推行了"通往 2015 之路"计划,计划的核心是关注消费者。阿迪达斯关注终端交易数据,对其采集与分析,从而了解消费者的偏好特征;经销商也将零售交易明细上传给阿迪达斯,阿迪达斯对这些数据综合分析后,根据偏好推出符合消费者需求的商品。这使得阿迪达斯一直保持了长期稳健的增长,避免了再次引发库存危机。

Zara 有一个"数据处理中心",这个中心不光可以让每一个零售网点查询销售数据,还能洞察消费者的特征。新品上市的初期,通过这个中心分析可以区分畅销品与滞销品,让 Zara 及时做出决策,避免缺货和库存积压。在 Zara 实体店,经理会随身携带 Pad,记录顾客的反馈。当顾客反映"这个衣领很漂亮,但这个口袋的拉链不喜欢"时,这些细节会通过 Zara 的内部通信系统传递给总部的设计人员,这样的传递每天至少两次。设计人员收到信息做出决策后会通知生产线立即改变样式,"即时"对消费者的反映给予最快的响应。用数据运营决策,让 Zara 一直保持与市场接轨的理念。

大数据可为零售商制订长短期计划提供数据依据,也可为零售商的数据化决策提供数据支持,这些都是为了帮助零售商建立长效机制,推动长期收入。

把实体店装在"口袋"里

智能手机的普及,让移动端成为一个重要的聚集地,现在手机成了消费者随身携带的物品。一次到一所商职学院讲课,课堂上的学生都是"95 后",当问到"出门必须携带的物品是什么"时,学生们异口同声地回答:"手机!"手机成了学生们的标配,其实不仅是学生,手机几乎成为"60 后""70 后""80 后""90 后"甚至"00 后"的标配。手机现在已经是主流消费者的购物平台。根据支付宝发布的年度账单,2015 年全国移动支付的笔数占整体比例达到 65%,而到了 2016年,这一数据高达 71%。移动支付的渗透率越来越高,说明消费者越来越习惯用手机完成交易。手机携带方便,功能强大,还能随身装在口袋里,这是其他设备无法比拟的优势。

实体店与手机之间的距离不只是空间距离这么远。实体店完全依托于传统的运营和营销方式,思维也完全建立在传统模式之上。前几年在实体店眼中,自己与手机是完全不搭边的两种事物,实在是无法想象手机能与实体店发生怎样的化学反应。但现在,实体店里使用手机完成支付的消费者比比皆是。与店员互加微信、成为实体店公众号的关注者、登录实体店的微店……通过手机,实体店与消费者密切地联系了一起。这也让许多实体零售商恍然大悟,原来实体店还有更多的发展方式。

现在,实体店也像孙悟空七十二变一样,能瞬间变大,消费者走进实体店,能切身地感受商品、服务,亲身体验购物的乐趣;也能瞬间变小,消费者掏出手机,就可以登录实体店的网上商城或者微店,即时达成购物需求,就算远隔万里,也能为家乡的亲人在家乡的实体店选购一件商品,时间与距离都无法成为阻隔。实体店通过探索,可以用自身的力量建立线上渠道,也可以借助各种平台,轻松入驻。做这一切,都是为了把自己装进消费者的"口袋"里,让消费者能随时随地找到实体店。

当然,也许新零售改革尚未完成,新的技术或者形式就将开始推动下一轮零售革命。信息技术的进步与发展,始终令人无法想象。

零售业的发展速度是惊人的,各项零售技术的发展同样令人叹为观止,每天都有新的理念、新的观念出现,在这样更新迭代迅速的时代,只有长期保持学习的动力,保持探索新事物的劲头,保持与时俱进的速度,才能不被时代和行业所抛弃。

勿忘初心,零售本质的坚守

零售的本质是商品与服务,这是亘古不变的真理。任何形式的改变,都不能改变零售的内核。尽管零售世界风云变幻,尽管变化带来了迷茫与踌躇,但不管走多远,都是围绕零售内核在转动。

商品

不管选择何种渠道与形式,顾客最终选择的还是商品,过分注重外在形式而忘了耕耘商品,这其实是舍本逐末。

在与电商的较量中,实体零售商需要找到自身的商品优势,走差异化的路线。电商提供海量的商品吸引消费者，而实体零售以精选商品为消费者服务，让消费者更容易找到需要的商品。实体店与电商各有优劣势，现在实体零售商要做的是把优势发挥到极致，提供让消费者过目难忘的商品。

实体店展示的商品能带来更多真实感，让人看得见，摸得着，带给消费者更真实的体验，这是达成购买的主要因素。实体店现在要做的是设法把这种真实感放大，让消费者沉醉于真实的体验中。

实体店要做的就是找到有潜力的商品，预判消费者的消费需求，知道消费者到底想要什么。其实，消费者有时自己也说不清需要什么样的商品，只有真实地看到，他才恍然大悟："原来这正是我需要的。"因此，实体零售商要先行一步，认真研究消费者的消费动向与趋势，引领消费者发现更美好的商品，创造更美好的生活。

价格仍是消费者选择商品的重要指标，在与电商的较量中，实体零售的价格一直不占优势。商品价格居高不下，是供应链、成本等诸多因素作用的结果。"当改变不了世界的时候，就改变自己。"零售商还需要从自身做起，改变商品管理方式，想尽办法向消费者提供价格合适的商品。

服务

服务涵盖的范围非常广。提供友好的购物渠道转换，是服务；提供快捷的购物流程，是服务；提供完美的售后解决方案，也是服务……服务就是让消费者感受到商家的友善与关爱，满足消费者的潜在需求。

电商对服务的追求到了极致。许多电商寄到顾客手中的商品，拆包装后的第一印象是：这不是一件商品，而是一件艺术品，包装精致，细节打造完美，美到令人窒息。这就是服务的魅力。而一直以服务至上著称的实体店似乎有些懈怠，许多零售商无视服务问题的存在，或拖延或漠视。当电商以更完美的服务亮相时，带来的是对实体零售商巨大的打击。

效率

克里斯坦森在讲到创新时，专门提到了"效率创新"。他说，效率创新是用更少的资源去创造更多有价值的产品，这将提升公司的竞争力。对实体零售商来说，效率是生命线。它决定着你的人力、物力、财力是否合理使用，以及在与其他零售商的比赛中，能否创造出更大的价值。有了效率，就意味着有了更多的发展机会。

互联网技术的兴起带给零售商最大的改进是降低了成本，提升了效率。零售商借助互联网技术，可以改善管理手段，降低管理成本，最大化地满足消费者的需求。刘强东在一次讲话中谈到，每一种业态取代上一种业态，背后都跟成本和效率有关。实体零售与电商的争夺最终也是在争夺效率，谁的效率高，谁就能取胜。

对实体零售商来说，提升效率主要表现在：

提升管理效率。借助先进的管理工具，减少人力成本和管理成本。比如，连锁企业和外地的员工沟通，原来主要借助于电话和邮件，而现在可选择的工具非常多，微信、QQ 都能解决实时办公需求。阿里开发了钉钉，主要以解决企业的办公需求为目标。在钉钉，打卡、签到、实时通话、实时通知、信息读取数和未读取数都一目了然，提高了沟通的时效性。

提升采购效率。供应链的改良是效率提升的重要环节。产品从生产出来到消费者手中，所经历环节的多寡，决定了零售商的采购效率。所有零售商都试图用最短的路径采购到最合适的商品。电商缩短了一部分商品的采购路径，实现了从生产到消费者的最短距离。实体零售商的供应链大都落后，商品从大经销商转到小经销商，层层提价之后，到达消费者手中的商品早已偏离了商品价值的本质。

提升服务效率。每位消费者都希望能最快地找到想要买的商品，最迅速地拿到购买的商品，得到最佳的售后服务。这对实体零售商提出了更高的要求：卖场布局是否合理，动线设置是否科学，收银打包是否快捷，问题处理是否人性化。不要让消费者迷茫、焦急和等待，要时刻记得向他们提供高效率的服务。

零售的本质需要用初心来坚守，但初心往往随着路程的延展而渐渐失去，有些零售商走着走着就忘了为什么而出发。多少零售商能在此刻，在这每天都有新变化的此刻，去回望一下初心？看看初心是紧随其行还是被遗留在途中？不管怎样，希望你在此刻都能作短暂的停留，哪怕是片刻的回首。或许这样的复盘，能让今后的前行更加笃定。

坚守初心，可以让经营的思路更加明确；坚守初心，可以追求与探索极致化经营，在纷乱与复杂的经营世界中找到原点；坚守初心，可以从容应对眼前的残酷与激烈，不激进、不盲从、不急功近利、不慌乱无措……

世界在变，行业在变，消费者在变，唯一不变的是一颗经营的初心。

⦿ 致　谢

盛夏时分，昼长夜短。

丑时已过，寅时将至。看着窗外，天色渐亮。

酷暑燥热的白天，难以静心。

此刻，一切都安静下来了，可以聆听心的声音，感受这份静谧。

自2012年开始，我萌生了想要在工作之余整理零售心得汇编成册的想法，一晃过了5年。所幸自己坚持了下来，到今天为止，已经组织我的团队完成了三本书的编撰出版，累计超过50万字，这一路能坚持下来，得益于这么多新老朋友的支持、帮助与鼓励，心生感激。

凝望着窗外的明月，才恍然觉察，月光最无私，世人共欣赏。

此刻，在这月光下用杯中清茶向给予我支持的所有人致以感谢与敬意。

首先，感谢这个时代。时代的包容，给了我更多创新、试错、实践、纠偏的机会。

感谢众多全球和中国零售业的掌门人、致力于零售业的技术公司的创始人，包括大数据、零售智能硬件、互动营销等领域从业者，以及专注于零售理论研究的专家、学者们。最近几年，我在不同的空间和时间，有机会和他们沟通交流，聆听他们的演讲，他们的真知灼见给予我很多的启发和灵感，激发我思考和创作。

感谢所有与我讨论和创作的团队，包括参与本书汇编的柳二白女士，感谢蓝狮子公司主编陶英琪女士、资深编辑张利英小姐、钱晓曦小姐的不断鼓励和为此书出版付出的努力。她们推动着我不断前行，帮助我理清整本书的结构，让本书的脉络更加清晰，文字更具有可读性。

由于还有其他的工作，我多数时间是在深夜和团队沟通或独坐冥想。感谢家人给予的支持，端茶送水，悉心照顾。我在写这本书之前，分别有幸在 2013 年上海交通大学出版社出版了(《中国为什么没有优衣库》)和在 2015 年中信出版社出版了(《零售 4.0 时代，移动互联，无缝对接》)两本有关零售的书籍。每次书稿完成之时，都是在诚惶诚恐和期待两种心情间相互交替，诚惶诚恐是因为每次写作都担心自己知识面的局限，唯有出品有价值的内容才不耽误读者时间和金钱；期待是因为这是一面镜子，能照出蜕变的那层境地。